MARABOUT *PRATIQUES*

Dr Raymond Abrezol

Vaincre par la sophrologie

MARABOUT

L'IMPRESSION EN COULEUR

Nous avons choisi d'imprimer les textes de nos livres avec une encre de couleur, malgré le surcoût que cela représente, dans le but d'éviter la surintellectualisation qu'entraîne le noir-blanc et favoriser l'harmonie entre le cerveau gauche (responsable de la logique rationnelle) et le cerveau droit (facultés intuitives et imaginatives). Nous voulons ainsi faciliter une lecture plus globale et plus gaie tout en contribuant à développer votre potentiel de santé physique et psychique.

Traduction de l'anglais :
Claude Jacot et Mme Yolande Paillard

Schémas : Serge Berthault

TABLE DES MATIÈRES

INTRODUCTION

La Sophrologie peut être un chemin de santé précieux pour ceux qui veulent apprendre à se délivrer des tensions de la vie moderne, à faciliter le travail de régénération de leur organisme et à explorer, en toute sécurité, les ressources de leur monde intérieur.

Nous vivons à une époque où notre organisme est agressé, à toutes les étapes de la vie, par des facteurs pathogènes. La pollution de l'air, de l'eau et des aliments demande à notre organisme un effort de détoxication qui est souvent rendu difficile par un mode de vie agité et stressé. L'éducation nous apprend trop souvent à réprimer nos émotions et à ne pas laisser à notre corps de moment pour se détendre et se régénérer. La vie sociale impose des stéréotypes qui ne favorisent ni la vie individuelle ni la santé. En fait il existe deux sortes d'éducation : celle que l'on reçoit, et qui nous apprend à nous comporter d'une façon adéquate par rapport aux habitudes sociales de notre temps, et celle que nous entreprenons peu à peu lorsque nous découvrons notre être individuel au-delà de notre être social. Cette éducation de soi-même permet de « prendre sa vie en mains » et de cesser de subir, en victime impuissante, les agressions multiples du monde moderne en apprenant à utiliser des techniques simples et efficaces pour progresser vers l'équilibre physique, émotionnel, mental et spirituel.

Grâce à des méthodes comme la sophrologie, qui mettent à la portée de chacun les bienfaits d'états de conscience profonds, un apprentissage individuel de détente et de régénération peut être entrepris. Cette démarche est, le plus souvent, extrêmement fructueuse : elle permet, d'une façon souple et agréable, de se délivrer du stress, de faire le contact avec soi-même, de retrouver les évidences du bon sens, de développer son intuition, sa créativité, sa capacité d'auto-guérison. Chacun peut alors faire l'expérience d'une vie où les habitudes et les obligations sociales ne sont plus génératrices de maladies puisque des moments de vie privée permettent de retrouver en quelques instants le calme intérieur et l'énergie profonde qui coule en nous et nous régénère constamment.

Les Editions sont heureuses de publier cet ouvrage qui, par son langage simple et direct, par l'aspect pratique de sa démarche et la vaste expérience de son auteur, donne à ses lecteurs de précieux outils d'indépendance et de santé.

Editions Vivez Soleil

PRÉFACE DU DOCTEUR ALFONSO CAYCEDO

Fondateur de la Sophrologie

"AU-DELA DE LA COMMUNICATION"

Le Dr. Raymond ABREZOL peut être considéré comme l'un des pionniers de la Sophrologie. Il fut l'artisan de son développement depuis ses premiers débuts jusqu'à nos jours où elle a acquis sa propre identité comme nouvelle science et comme nouvelle profession.

J'ai connu le Dr. Abrezol en 1964, à Kreuzlingen en Suisse, lors d'un stage que j'effectuais, en tant que médecin, à la Clinique Bellevue, sous la direction de mon Maître, le Dr. Ludwig BINSWANGER, dont je fus probablement le dernier disciple. Grâce à lui, j'ai appris l'art difficile de la phénoménologie et de son application à la psychiatrie. La Sophrologie n'était alors qu'une simple école que j'avais fondée à Madrid en 1960, et cet enseignement m'apporta les éléments nécessaires pour la faire reconnaître comme une science. Cette période fut pour moi une époque décisive de ma vie. La paix bucolique des bords du Lac de Constance et les réunions avec le grand Maître de la médecine anthropologique existentielle, inspirée de l'ontologie fondamentale de Heidegger, étaient chargées pour moi d'une profonde signification. J'étais en train de créer des bases qui allaient permettre le développement apparemment imprévisible de l'École Sophrologique qui, à ce moment-là, n'avait que quatre ans d'existence.

Je trouvai un matin sur mon bureau une invitation à donner un cours de Sophrologie à des médecins, signée par le Dr. ABREZOL, un des plus éminents médecins stomatologues de Suisse. Il m'expliquait qu'il avait assisté, en Espagne, à plusieurs interventions chirurgicales sans anesthésie chimique, selon une méthode appelée «anesthésie sophronique», qu'il avait ententu parler de l'école que j'avais fondée et désirait me rencontrer. J'acceptai l'invitation et me rendis à Lausanne pour ce cours inaugural de Sophrologie en Suisse. Je fus frappé par la forte personnalité du Dr. ABREZOL, ses étonnants dons d'organisateur et sa grande culture scientifique. Pour illustrer ma première impression, je citerai une anecdote : lors de sa présentation, le Dr. ABREZOL parla des anesthésies sophroniques qu'il avait vu en Espagne, en ajoutant qu'il ne répondait pas du sérieux scientifique de ces travaux, dont il m'appartenait d'apporter la preuve. «La Suisse est un pays traditionaliste et sérieux ; si les thèmes que vous allez développer, Dr. Caycedo, ne nous paraissent pas scientifiques, nous laisserons tomber l'histoire et resterons amis !» Cette attitude de «jugement en sursis» entraîna, dans mon tempérament latin, une réaction de contrariété. Je réagis en manifestant ma surprise devant une telle présentation, ajoutant que j'avais eu l'habitude, en Espagne, de voir les taureaux attaquer de face, et qu'il me fallait maintenant déterminer si les vaches suisses attaquaient de face ou par derrière !

Le Dr. ABREZOL comprit le sens de mes paroles, de même que tout le groupe, et le cours connut un grand succès. Peu après, je fus invité à donner un deuxième cours à Genève, puis un troisième à Leysin, et les assistants de ces premiers cours m'offrirent un cadeau qui est l'un de mes meilleurs souvenirs : une grosse cloche, comme on en met en Suisse autour du cou des vaches, et sur laquelle sont gravés des mots empreints d'un profond sens existentiel.

Le Dr. ABREZOL, une fois convaincu de la valeur scientifique de la Sophrologie, devint un des grands pionniers de cette méthode. Ainsi, quand je partis pour l'Orient, je lui demandai de se charger de la diffusion de la Sophrologie pendant mon absence avec le Dr. DUMONT, un autre confrère suisse que j'avais rencontré pendant ces cours et qui devint non seulement un extraordinaire ami personnel, mais aussi un grand propagateur de la Sophrologie. Par la suite, le Dr. ABREZOL vint périodiquement se recycler à Barcelone, où j'avais installé mon centre de recherches, et il collabora avec moi à la formation des sophrologues européens et sud-américains qui étaient venus en Espagne parfaire leur formation sous ma direction.

Bien que nos liens d'amitié fussent toujours très forts, nous fûment séparés pendant quelques années par des divergences sur le plan de l'organisation. Mais, démontrant que l'amitié et la rigueur scientifique permettaient de dépasser toutes les divergences, le Dr. ABREZOL et le Dr. HUBERT, de Paris, un autre grand ami et collaborateur qui a vécu aussi l'époque des débuts de notre École, vinrent au IIIème Congrès Mondial de Sophrologie de Bogota, en août 1982, assistant à la Séance solennelle au cours de laquelle j'inaugurai la première Faculté de Sophrologie du Monde, donnant ainsi au mouvement sophrologique une nouvelle identité historique.

Pendant ses premières années d'existence, la Sophrologie resta exclusivement entre des mains médicales : il se constitua des Associations de Sophrologie Médicale qui développèrent les bases d'une médecine sophrologique. Cependant, la Sophrologie ne pouvait pas rester indifférente au problème social et une nouvelle branche de la Sophrologie naquit : la Sophrologie Sociologique, que j'inaugurai officiellement au Congrès de Récife, en août 1977, alors même que le Dr. ABREZOL fondait l'Association Suisse de Sophroprophylaxie, qui a les mêmes buts. La Faculté de Sophrologie, inaugurée le 19 août 1982, donne une reconnaissance universitaire à une nouvelle profession, dont le programme d'études dure 5 ans, au rythme de 5 heures de classe par jour.

La Sophrologie est donc constituée actuellement de deux branches : la Sophrologie Médicale, qui est la base de toute notre École, et la Sophrologie établie comme une nouvelle profession, qui se situe à mi-chemin entre la médecine et la psychologie, et posséde une terminologie, des méthodes et des programmes qui lui sont propres.

Le Dr. ABREZOL et tous les sophrologues présents au IIIème Congrès Mondial de Sophrologie de Bogota ont été témoins du rôle nouveau que la Sophrologie acquérait désormais et ils offrirent leur collaboration totale à cette œuvre.

Ce livre constitue un témoignage de la maturité historique et de la conscience sociale acquises par la Sophrologie. Il ne s'agit pas ici d'analyser le contenu de chacun des chapitres de ce livre, mais de discerner à quel point l'ensemble de cette œuvre peut permettre une prise de conscience très large et constituer un outil d'avant-garde pour toute la Sophrologie.

Nous vivons dans une civilisation malade et la Sophrologie ne doit pas se structurer comme certaines écoles du début de ce siècle. La Sophrologie doit éviter les querelles intestines et les discussions entre les différents groupes qui la composent pour venir en aide, avec les méthodes qui lui sont propres, aux êtres humains qui peuplent notre planète en crise. Afin de permettre l'habilitation de nouveaux professionnels en Sophrologie et de favoriser l'union de tous les sophrologues, s'est créée la Fédération Mondiale de Sophrologie qui légalise les programmes de formation et coordonne au niveau international les différentes organisations tout en respectant leur identité propre.

La Sophrologie doit toucher la jeunesse, l'ouvrier à l'usine, l'homme d'affaires au bureau, la maîtresse de maison chez elle, l'enfant à l'école. Elle doit leur apporter des moyens pour résister aux drogues et aux maladies collectives qui détruisent notre civilisation et notre culture, mettant en danger l'être humain dans sa dimension biologique, existentielle et historique. Les élèves de la nouvelle Faculté de Sophrologie trouveront dans cet ouvrage un modèle de communication de la Sophrologie à un large public. Ils y étudieront comment le Dr. ABREZOL essaie de réveiller, en chacun, les forces positives. Avec tous les lecteurs de ce livre, ils y découvriront la riche personnalité du Dr. ABREZOL, dont les travaux ont grandement contribué au développement de l'École Sophrologique et qui, par le formidable travail de diffusion et d'organisation qu'il accomplit, mérite notre respect et notre reconnaissance.

Docteur Alfonso CAYCEDO
Président de la Fédération Mondiale
de Sophrologie
Bogota, le 12 septembre 1983

PRÉFACE DE L'AUTEUR

Ce livre est essentiellement pratique. Il est né d'une idée originale et inhabituelle. En 1982, on m'a demandé de préparer pour une grande chaîne radiophonique aux USA des «flashes» d'une minute trente chacun sur la sophrologie. Ils devaient être diffusés à 7 heures du matin et à 6 heures du soir, tous les jours ouvrables pendant une année.

J'ai donc commencé la rédaction directement en anglais donnant le maximum d'exercices pratiques. J'ai établi un plan de 26 champs d'application, ou chapitres, chacun comportant au moins dix «flashes». Je fus très étonné de la quantité de choses que l'on peut dire et faire en si peu de temps.

Tout était prêt, lorsque la radio en question changeait d'avis et préférait organiser des émissions de longue durée en direct avec les auditeurs. Je décidais alors de faire traduire ces «flashes» en français et de les réunir dans le livre que voici.

En général, il y a un exercice pratique, précédé ou le plus souvent suivi d'une explication théorique. Pour profiter pleinement de ce livre, il est souhaitable de lire l'exercice, de le mémoriser et enfin de le pratiquer sans limite de temps. A la fin de chaque travail pratique que ce soit debout, assis, ou couché, *il faut toujours procéder à une reprise lente,* c'est-à-dire, ne jamais ouvrir les yeux avant d'avoir au préalable bougé les orteils, les mains, fait des mouvements avec le visage et étiré tout le corps en respirant à fond.

Vous pouvez aussi enchaîner plusieurs exercices les uns après les autres, sans faire de reprise entre eux et ainsi créer votre technique personnelle. Il vous est aussi possible d'enregistrer votre propre cassette que vous écouterez ensuite. Tous les exercices ne sont pas sans danger, par conséquent, *il ne faut en aucun cas forcer.* Il ne faut *rien vouloir* non plus, il est souhaitable de «laisser faire», laisser venir les sensations, laisser plûtot l'imagination dominer la volonté. Si vous êtes actuellement en état de «dépression», évitez de faire ces exercices avant d'avoir consulté un médecin. Soyez prudents avec tous les exercices respiratoires, entraînez-vous progressivement. Si votre tension est trop forte, évitez de garder trop longtemps vos poumons vides.

J'ai tenté de créer un instrument de travail, non une œuvre littéraire. Les termes utilisés sont aussi simples que possible. Certains «flashes» sont illustrés par des schémas pour en faciliter la compréhension. Mon objectif n'est pas ici de décrire intégralement les méthodes enseignées par l'École de Sophrologie, telles les : Training--Autogène Modifié (TRAM), Sophro-Training de base (STB), Relaxation Dynamique de Caycedo en trois degrés, etc... Pour de plus amples détails à leur sujet, je vous prie de consulter les livres spécialisés, figurant dans la bibliographie réunie à la fin de ce volume.

Le titre «vaincre» traduit bien le but de cet ouvrage : enseigner des techniques permettant à chacun de *vaincre ses difficultés,* de les surmonter, voire de les dépasser et devenir responsable de son équilibre et de sa santé.

Le fondateur de la sophrologie est le Professeur Alfonso Caycedo, établi actuellement à Bogota, Colombie. La sophrologie est née en 1960, elle s'impose de plus en plus comme une nouvelle thérapie, une nouvelle branche de la médecine, une nouvelle profession. A Bogota, Caycedo a inauguré la première Faculté de Sophrologie lors du Congrès Mondial en août 1982.

La durée des études y est de cinq ans après le baccalauréat. En Europe, la sophrologie est enseignée aux membres du corps médical et paramédical dans le cadre d'une formation continue. La durée des études est de deux ans, à raison d'un séminaire tout les six mois et un entraînement personnel entre chaque cycle. A la fin de cette formation de base, le candidat doit présenter un mémoire et passer un examen pratique. L'enseignement est organisé sous la responsabilité du Collège International de Sophrologie Médicale. Après le diplôme, il y a régulièrement des cours de perfectionnement, des rencontres et des congrès annuels.

Il existe en Suisse et aux USA des séminaires ouverts au public où les techniques de base pour le «bien-être» sont enseignées sans aborder les méthodes thérapeutiques.

Dr. R. ABREZOL

I QU'EST-CE QUE LA SOPHROLOGIE ?

1a. La Sophrologie est une science médicale. Elle fut fondée en Espagne par le Professeur Alfonso Caycedo, psychiatre colombien, dont j'ai été l'un des premiers élèves. Le terme «Sophrologie» a été proposé et accepté au cours d'une réunion mondiale de psychiatres, à Vienne en 1960.

Mais qu'est-ce que la Sophrologie ? C'est l'étude des changements d'états de conscience chez les êtres humains, étude largement employée en thérapie, en médecine préventive et en pédagogie. C'est également une philosophie.

La Sophrologie s'est considérablement répandue en Europe, et de nombreux médecins la pratiquent en tant que thérapie. Mais elle peut également être utilisée par les profanes, afin de prévenir les inévitables séquelles d'un stress excessif, ou, plus simplement, pour harmoniser la vie en général, la pensée, en un mot améliorer son bonheur.

La Sophrologie est la science de la conscience humaine. Mais qu'est-ce que la conscience ? Beaucoup de philosophes ont tenté de l'expliquer, mais aucun d'eux n'a été capable d'en donner une définition complète. En réalité, personne ne sait ce qu'est la conscience, simplement, nous pouvons affirmer QU'ELLE EST !

On peut la comparer à l'électricité : nous l'employons à chaque instant, nous la mesurons mais en fait, nous ne savons pas ce qu'elle est. La conscience est très certainement étroitement liée à la fonction de notre organe le plus fantastique qui soit, LE CERVEAU. Nous pouvons la qualifier en parlant *d'états* et de *niveaux* de conscience. Les *états* peuvent être soit maladifs (pathologiques), soit normaux (ordinaires), ou encore différents (sophrologiques). Les *niveaux* sont : la veille attentive, la veille, le niveau sophroliminal, le sommeil, les rêves, le coma et la mort lorsque la conscience n'est plus. Nous aurons l'occasion d'y revenir en détail plus loin.

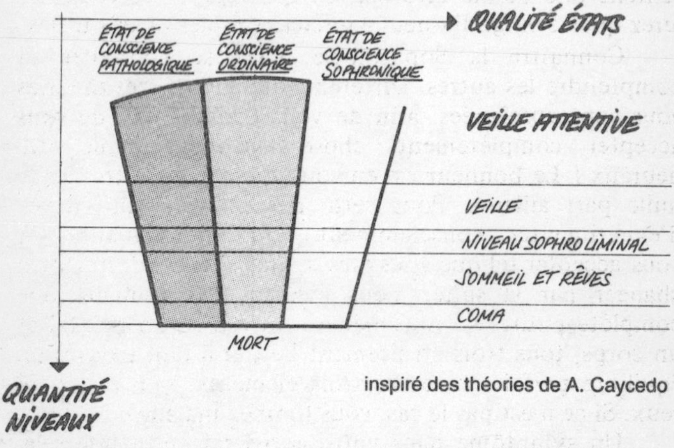

inspiré des théories de A. Caycedo

1b. L'éthymologie du mot «Sophrologie» est grecque. Ses racines signifient : SOS quiétude, sérénité, harmonie, PHREN cerveau et LOGOS science, connaissance, étude. A l'aide de cette éthymologie, il est possible de définir la Sophrologie : science de l'harmonie du cerveau. Les deux autres racines sont SOPHIA et LOGOS, soit sagesse et science.

D'autre part, la Sophrologie se comprend comme

une science médicale et, d'autre part, comme une philosophie, une manière de vivre, d'être et de penser. On peut lui donner beaucoup de définitions, mais la seule façon de savoir ce qu'elle est vraiment, c'est de la vivre, de l'expérimenter.

Cependant, la plupart des techniques employées au début doivent être pratiquées sous le contrôle d'un sophrologue. C'est la raison pour laquelle tous les exercices qui vont être donnés ne couvrent pas toutes les possibilités de la sophrologie. En les lisant, vous ne pourrez pratiquer que des exercices très courts , puisque les flashes ne durent que 90 secondes il est impossible d'approfondir les exercices. Cependant, ceux-ci représentent une bonne information générale, et vous assimilerez quatre-vingt-dix-neuf exercices simples et très utiles.

Connaître la Sophrologie, c'est se connaître et comprendre les autres. Différentes techniques et théories vous sont enseignées, afin de vous connaître et de vous accepter complètement, chose essentielle pour être heureux ! Le bonheur est en vous, et vous ne le trouverez nulle part ailleurs. Pour cette raison, vous vous devez d'expérimenter consciemment votre individualité, et vous accepter tel que vous êtes, même si votre désir est de changer par la suite. Vous êtes un être humain, une complète entité en vous-même : un esprit, un mental et un corps, tous trois étroitement liés, et il faut trouver un équilibre parfait entre ces trois éléments pour être heureux. Si ce n'est pas le cas, vous tombez malade.

Un symptôme dans votre corps est en étroite relation avec votre esprit ou votre mental dans la majorité des cas. Par conséquent, il n'est pas suffisant de traiter seulement ce symptôme, mais il est absolument nécessaire de s'attaquer à ses causes profondes, et c'est là le but principal de la thérapie en Sophrologie.

Si vous vous bornez à prendre des pilules pour enrayer un symptôme, vous pourrez probablement le soulager temporairement, mais vous ne le guérirez pas.

Après un certain temps, vous allez avoir d'autres symptômes et vous consulterez un spécialiste après l'autre, jusqu'au jour où vous comprendrez qu'il faut d'abord extraire la cause profonde de vos maux, enfouie à l'intérieur de vous-même, rétablissant ainsi l'équilibre intérieur.

1c. La Sophrologie ne peut être comprise sur la base de théories uniquement. L'idée naquit à Kreuzlingen, dans une clinique très renommée et dirigée par le Professeur Binswanger, l'un des pères de la phénoménologie, conjointement avec Heidegger et Husserl. La Sophrologie est une science phénoménologique, et par divers exercices physiques, mentaux et spirituels, nous constatons un changement de l'état de conscience qui, pour chacun, représente une expérience personnelle. Peu à peu, avec la répétition régulière de ces expériences, le phénomène trouve son explication scientifique. En somme, l'expérience précède la compréhension. Il est donc superflu d'être trop rationnel en pratiquant les différents exercices décrits dans ce livre ; il suffit de les pratiquer comme des expériences vécues au moment présent et, petit à petit, vous vous connaîtrez mieux et vous serez plus à même également d'assumer votre santé et votre bonheur. Vous devez comprendre, que vous êtes responsable de votre santé et si vous êtes malade, la plupart du temps c'est de votre faute.

- Debout, les pieds écartés à 50 cm l'un de l'autre, les yeux fermés, vous sautillez comme si vous étiez une marionnette, les muscles complètement relâchés. L'exercice dure environ une minute. Vous stoppez l'exercice et tentez de vous relaxer un instant, en écoutant les messages de votre corps. Essayer de vous mettre à l'écoute de vous-même et, en même temps, à l'intérieur de vous-même.

N'est-il pas merveilleux de sonder son corps, sa vie ? En pratiquant cet exercice, vous allez être à même de vous concentrer sur le «moment présent», sur «l'ici et maintenant». Vous n'êtes plus lié à votre passé, ni inhibé par le futur. La faculté de pouvoir vivre *le moment présent* est un pas très important vers le bonheur.

N'oublions jamais que le passé est passé et quoiqu'il puisse nous arriver, il ne peut être changé. Faites l'essai de vivre intensément chaque minute de votre merveilleuse vie, et apprenez par la même occasion à programmer votre avenir de manière positive. Ceci est un des contextes de la Sophrologie.

1d. *Debout, dans une position confortable, vos pieds déchaussés et bien à plat sur le sol, vous vous relaxez entièrement, les yeux fermés. Maintenant vous étirez tous les muscles de votre corps. Puis vous contractez les muscles du visage, sans oublier le menton, vous contractez votre nuque et vos bras, le long du corps, les poings serrés. Vous contractez votre thorax, votre abdomen, votre périnée, vos cuisses, vos mollets et vos pieds. Vous maintenez cette posture inconfortable durant une minute environ puis, en une fois, vous relâchez tout. A ce moment précis, que ressentez-vous ? Écoutez attentivement les différents messages envoyés par votre corps. (Quand un muscle a été fortement tendu durant une minute, il devient, par la suite, complètement relâché.) Sentez cette relaxation et les messages qui parviennent à votre cerveau.*

Petit à petit, en pratiquant cette relaxation, vous prendrez conscience de ce que ce mot contient de prestigieux. Vous serez capable de réagir immédiatement à n'importe quel STRESS, avec la réponse : RELAXATION.

Voici un autre exercice qui vous révélera mieux encore votre présence, et vous fera mieux comprendre votre tension et votre relaxation.

- *Debout, vous vous relaxez comme précédemment, le plus profondément possible. Vous vous concen-*

trez sur votre corps, puis vous étirez fortement vos mollets durant quelques secondes. Puis, lorsque vous relaxez vos mollets, vous étirez vos cuisses quelques secondes. Ensuite, vous contractez votre abdomen quelques secondes pendant que vous relaxez vos cuisses. Vous faites de même pour la contraction du thorax lors de la relaxation de l'abdomen, la contraction des mains lors de la relaxation du thorax, la contraction des bras lors de la relaxation des mains, et enfin la contraction des muscles de votre visage lors de la relaxation des bras.

Puis vous relaxez votre corps tout entier et vous essayer de prendre de plus en plus conscience de tout votre être à ce moment précis, «ici et maintenant». Vous plongez avec votre conscience au plus profond de vous-même, rien de ce qui viendrait du monde extérieur ne vous distrairait.

Et lorsque vous devenez entièrement conscient de vous-même, vous vous étirez, vous étirez votre corps tout entier, vous respirez profondément et, quand vous le désirez, vous ouvrez les yeux.

1e. Voici d'autres exercices :

- Confortablement assis, les yeux fermés, essayez de vous concentrer sur la position de votre corps. Essayez de vous intéresser aux points appuyés sur la chaise, imaginez le poids de votre corps, visualisez-vous de l'extérieur.

C'est comme si vous étiez capable de sortir de votre corps, et de tourner autour de lui. Observez-vous un instant depuis le côté, de derrière, de l'autre côté et de devant. Vous tournez autour de vous-même, très lentement.

Si vous n'y parvenez pas la première fois, vous y arriverez avec un peu d'entraînement et, même si cela vous semble difficile, soyez assuré que c'est parfaitement possible. En vous observant, imaginez la magnificence d'être en vie, acceptez-vous tel que vous êtes, même si vous aimeriez changer. Commencer à accepter réellement votre manière d'être, commencer à vous aimer un peu plus car, si vous ne vous aimez pas, comment pourriez-vous aimer les autres ?

Maintenant, réintégrez votre corps et contractez fortement les bras et les jambes, maintenez cette position une minute, puis relaxez-vous entièrement, en écoutant les messages qui parviennent à votre cerveau. Pensez aussi intensément que possible au fait d'être «présent à cette seconde précise».

- Asseyez-vous confortablement, les yeux fermés et relaxez-vous. Débarrassé des stimulations extérieures, vous allez constater un changement de votre niveau de conscience. En entrant en état sophronique, vous allez perdre toute notion de temps et d'espace. Par conséquent, vous pouvez maintenant tenter de vous projeter dans le futur.

Vous avez probablement des vœux à réaliser ; concentrez-vous alors avec conviction sur l'un d'eux. Imaginez que ce vœu va se réaliser tout de suite, là, devant vous. Il est devenu réalité !

Ce que vous imaginez de cette façon se produira certainement. C'est la manière de programmer l'avenir, votre avenir, c'est la manière de vous construire un bonheur tout neuf.

Lorsque vous avez vraiment «vécu» cet avenir positif, dans tous ses détails, vous serrez les poings, vous contractez votre corps tout entier, vous respirez profondément, puis vous ouvrez les yeux avec un grand sourire.

C'est par de semblables exercices que vous programmerez votre conscient pour le succès. Essayez de ne pas l'oublier !

II LA CONSCIENCE

2a. Votre conscience peut être soit pathologique, soit normale, soit sophronique. La plupart des gens (environ 75%) sont en situation pathologique, ou pré-pathologique. Tous ont des désordres fonctionnels.

En utilisant les différentes techniques de la sophronisation, vous allez apprendre comment il est possible de passer d'un état pathologique à un état sophronique. Si vous êtes capable d'atteindre votre seuil de conscience sophronique régulièrement, vous serez surpris de constater que la plupart de vos symptômes peuvent disparaître spontanément, sans aucune aide extérieure.

N'oubliez pas que la santé est une chose naturelle, et qu'elle existe à l'intérieur de vous-même. En sollicitant mieux votre cerveau, vous pouvez éloigner la plupart de vos symptômes sans recourir aux pilules ou aux chirurgiens ! Il y a cependant des cas où cela est nécessaire et peut sauver votre vie, il ne faut pas le nier, mais il ne faut pas en abuser !

Si vous apprenez à entrer régulièrement en état sophronique, vous serez à même de prévenir les maladies et de rester en bonne santé. Il faut, pour y parvenir, assimiler les différentes techniques qui pourront vous protéger d'un stress exagéré. C'est ainsi que, tout naturellement, vous allez vivre de manière plus normale, que ce soit concernant la nourriture, les pensées ou le mode de vie. C'est le but même de la Sophrologie.

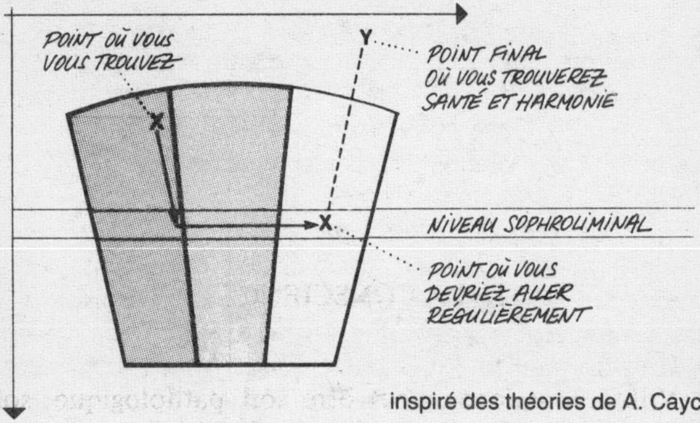

inspiré des théories de A. Caycedo

Comment savoir si vous êtes dans un état de conscience sophronique ?

Lorsque vous atteignez cet état, vous vivez une expérience inhabituelle. Il est possible que vous ayez déjà vécu cette situation, avant de vous endormir par exemple, juste avant de sombrer dans le sommeil, ou en écoutant un concert de musique classique, en dansant, ou encore en vivant un orgasme.

Voici quelques sensations que vous pourriez vivre en état sophronique : l'impression de tomber dans un trou noir, d'être léger et même de pouvoir voler ; vous pourriez aussi devenir très lourd, avec la sensation de ne plus pouvoir bouger. Vous pourriez également avoir l'impression qu'une partie de votre corps a disparu, ou qu'il est asymétrique. De toute façon, en entrant en état sophronique, vous perdrez conscience du temps et de l'espace et cette notion est essentielle car, dans cette situation, le passé, le présent et le futur sont mélangés.

C'est alors que vous expérimenterez la synchronicité du temps.

2b. Les diverses méthodes verbales ou mentales qui permettent d'atteindre le niveau sophro-liminal sont :
- Le Training Autogène de SCHULTZ
- Le Training Autogène Modifié (TRAM)

- Le Sophro-Training de Base (STB)
- Les 3 degrés de la Relaxation Dynamique (R.D.)
- La transterpsychorthérapie (T.T.T.)
dans laquelle danse et rythme sont utilisés.
- Les techniques vécues de «sophronisation»
- L'hypnose médicale

Toutes ces techniques ne peuvent qu'être expérimentées, vécues. Le seul fait de les décrire peut être intéressant, mais guère utile, la plupart nécessitant un certain laps de temps pour être assimilées. Je ne puis que vous donner quelques petits exercices au travers de ce livre, mais ceux-ci, groupés et exécutés avec constance, pourront se révéler très efficaces. Par exemple, pour pratiquer correctement le TRAM, il faut compter au moins une demi-heure au début. Une fois acquis, il devient alors de plus en plus court jusqu'à ce que, enfin, il n'emploie plus que très peu de temps : il devient alors automatique.

D'autres méthodes non verbales permettent aussi d'atteindre le niveau sophro-liminal, telles la bioénergie, les massages divers, le massage perceptif de Florence de Rivage, les vibrations japonaises et les sons tournants de Feijoo.

Parmi les méthodes les plus couramment utilisées en sophrologie, pour permettre à chacun d'atteindre l'état sophronique, il y a notamment les 3 degrés de la relaxation dynamique (R.D.). Ces techniques sont d'origine orientale, elle ont été rapportées de l'Inde et du Japon par le Docteur A. Caycedo, en 1964. Elles ont été diversement éprouvées en thérapie, ainsi que pour la prévention des maladies, souvent à un très haut niveau et avec de brillants résultats. La R.D. est une technique médicale absolument révolutionnaire, capable de guérir sans aucune autre aide. Elle est déjà utilisée de manière suivie en Europe, spécialement en thérapie de groupe.

Le premier degré nous est donné par le Raja-Yoga oriental, le deuxième a une provenance bouddhiste et le troisième découle du Zen japonais. Toutes ces techniques stimulent très vivement l'hémisphère droit du cerveau et élèvent le niveau de la créativité et de l'intuition. On peut les pratiquer soit debout, soit assis. En effet, usuellement nous pensons que, pour se relaxer, il est absolument nécessaire d'être couché, mais ce concept n'a pas cours en sophrologie. Nous devons pouvoir nous relaxer couché, mais également assis ou debout.

2c. Parlons un peu, si vous le voulez bien, du niveau X, (voir schéma précédent), seuil de l'état sophronique appelé NIVEAU SOPHROLIMINAL, et faisons une petite expérience.

- Allongés sur le dos, relaxons-nous au mieux de nos possibilités, avec les yeux clos. . . Relaxons-nous à fond, du haut de notre tête à l'extrémité de nos orteils. . . Prenons bien notre temps et, lorsque nous nous sentons absolument relaxés, essayons d'imaginer notre cerveau comme un simple muscle en relaxation. . . Relaxons maintenant notre psyché. . . Puis essayons de voir une couleur apparaître dans notre écran mental, n'importe laquelle. . . Puis un objet au centre de la couleur. Surtout, ne bousculons rien, ne «forçons» pas l'image mais laissons la apparaître d'elle-même. . Pas de hâte inutile, prenons notre temps.

Lorsque nous avons cette image dans notre colimateur, essayons de tourner autour et de la considérer depuis l'avant, l'arrière et les côtés. Et même, avec de l'entraînement, il nous sera possible de la toucher du doigt. . . Essayons encore. . . Et maintenant, laissons cette couleur et cet objet s'estomper. . . Bougeons les orteils, serrons les poings, étirons les bras, respirons profondément et, enfin, ouvrons les yeux.

Si l'exercice était bien réussi, vous avez franchi le

niveau X de la conscience, c'est-à-dire le seuil de l'état sophronique. Que se passe-t-il à ce niveau ?

Vous ouvrez la porte du monde de l'inconscient, et les images obtenues en sont le fruit. C'est là que vous pourrez trouver la cause de votre symptôme fonctionnel car, petit à petit et avec un entraînement régulier, vous ne verrez plus seulement couleur et objet, mais il se peut qu'ils soient remplacés spontanément par l'image de la cause de votre symptôme si vous ne la connaissez pas consciemment (il peut s'agir d'un traumatisme psychologique passé ou actuel). Si cette cause devient consciente et intégrée, il est possible que votre symptôme disparaisse pour ne plus jamais revenir. Ceci est une façon d'utiliser l'état sophronique en sophrothérapie.

2d. Il est par contre beaucoup plus difficile d'atteindre le niveau Y (en haut à droite sur le même schéma). Il est indispensable, d'abord, d'avoir atteint le point X pour ensuite, progressivement, accéder à l'état supérieur de la conscience sophronique qui vous conduira au point Y, là où votre cerveau devient plus apte à fonctionner.

Au début de l'état sophronique (X), votre électroencéphalogramme indique que votre cerveau travaille très lentement et émet des ondes «Théta» (6 ondes/seconde), ce qui signifie que vous êtes presque endormi, le sommeil commençant à 5 ondes/seconde. Une fois ce point atteint, nous pouvons essayer d'apprendre les méthodes augmentant petit à petit l'activité de notre cortex.

C'est exactement ce qui se pratique en Orient, avec les méthodes bouddhiques, Raja-yoguiques et autres techniques de méditation Zen. Le but final est d'atteindre l'état de conscience le plus élevé qui est appelé SATORI, KENSHO dans le Zen et SAMADHI dans le Yoga. Il existe aussi le terme BARAKA.

C'est parmi ces très hauts états de conscience, où

nous trouvons des ondes «Gamma» dans le cerveau, (au-delà de 38 cycles/seconde) que se situe l'orgasme. L'orgasme total, où se réalise l'union parfaite entre deux personnes, est une situation mentale atteignant le niveau Y.

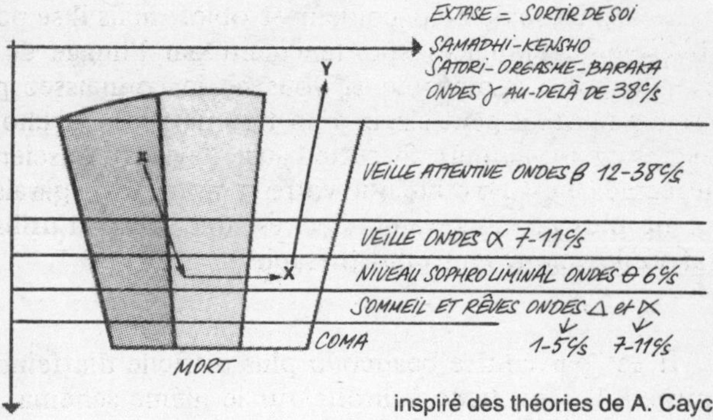

inspiré des théories de A. Caycedo

Pour atteindre le niveau Y, il s'avère utile de stimuler les fonctions de l'hémisphère droit du cerveau, celui de l'imagination et de l'intuition...

Les méthodes qui vont être employées pour y parvenir seront toutes paradoxales, c'est-à-dire qu'elles ne seront pas rationnelles, c'est l'un des obstacles pour atteindre cet état de conscience modifié. Il sera nécessaire d'oublier tout ce que l'on a appris pour entrer de plein pied dans une expérience où nous n'essayerons pas de comprendre, mais simplement d'expérimenter, de vivre et de réaliser que tout ce qui nous semble réalité n'est qu'illusion. Il sera alors possible de projeter notre conscience hors de nous-même, sur un objet, une personne, ou encore mieux dans le vide, la vacuité, le néant. Cela s'appelle vraiment l'extase, dans le sens éthymologique du terme, EKSTASIS, sortir de soi.

2e. Pour atteindre le seuil Y, les Orientaux s'exercent leur vie durant et, même s'ils n'y parviennent pas, ils meurent avec l'espérance d'y arriver dans une prochaine vie.

Avec les techniques sophroniques, en particulier avec les 3 degrés de la relaxation dynamique (R.D.), il n'est pas impossible, pour nous Occidentaux, d'atteindre ce stade en quelques mois d'entraînement intensif. Dans les séminaires, ces techniques sont habituellement enseignées en groupe. Pour cela, il est nécessaire d'avoir un «leader», un sophrologue très entraîné. Le cheminement sera toujours le même : on commence par la concentration, puis par la méditation, pour arriver peu à peu à la contemplation et enfin à l'identification. Décrire les exercices est chose impossible dans ces pages, car ils doivent être expérimentés sous contrôle.

Essayons cependant d'en comprendre quelques-uns : dans la méditation Zen, les disciples doivent méditer sur ce qu'on appelle un «koan», qui est un problème sans aucune solution rationnelle.

- *Vous fermez les yeux et vous vous relaxez. Imaginez que le maître est assis en face de vous, qu'il frappe ses mains l'une contre l'autre et qu'il vous dise :*

«Si, lorsque je frappe mes deux mains vous entendez un bruit, il n'y a pas de raison qu'une seule main ne fasse pas de bruit, alors écoutez maintenant le bruit que fait ma main.» Il est devant vous, avec sa main levée, essayez d'imaginer cette situation et d'entendre le bruit de sa seule main.

Un autre «koan» bien connu est celui-ci :

- *«Un jour, un paysan introduit un œuf d'oie dans une bouteille ; il met le tout à incuber pendant 23 jours. Un oison naît et il le nourrit par l'embouchure de la bouteille de manière à ce que le petit de l'oie grandisse rapidement. Maintenant, la bouteille est complètement remplie par l'animal.»*

Et le paysan désire la libérer, sans pour autant briser la bouteille ni tuer l'oie ! . . . »
- Maintenant, fermez les yeux, imaginez et méditez sur cette petite histoire, de manière à trouver une solution à cet insoluble problème.

Chaque jour, vous pouvez vous relaxer aussi profondément que possible, soit couché, soit assis, et méditer pendant un quart d'heure. Ce faisant, vous stimulerez l'hémisphère droit de votre cerveau.

III L'HARMONIE

3a. Voici un exercice pratique pour le matin :

- Couchez-vous soit sur votre lit, soit à terre, là où vous vous trouvez. Faites une inspiration profonde, et, pendant que vous expirez lentement, pensez mentalement : calme, relaxé.

Relaxez votre visage, relâchez vos mâchoires, laissez tomber vos épaules et respirez lentement et profondément par votre ventre tout en pensant : aujourd'hui sera un bon jour, tout va bien se passer ; je suis maître de mes émotions et je vais réussir tout ce que j'entreprendrai.

Restez un moment tranquille puis, sans ouvrir les yeux, bougez les orteils, les doigts, avalez votre salive et étirez tous les muscles, tout en respirant profondément, et alors seulement, ouvrez les yeux.

Dans cet exercice, nous avons commencé l'utilisation de la pensée positive pour stimuler l'imagination.

L'imagination est beaucoup plus forte que la volonté, gardez constamment ceci en mémoire.

Par exemple, si vous imaginez une situation dans laquelle vous pourriez échouer, vos chances d'échec s'en trouveront augmentées. Cependant, si vous vous suggestionnez des pensées positives et de succès, même en état parfaitement éveillé, vous augmentez considérablement vos chances de succès. Cela est dû à la participation incontrôlée et involontaire de votre subconscient.

Relaxé, vos pensées pénètrent plus profondément votre monde subliminal lequel, à son tour, provoque une réponse inconsciente et positive.

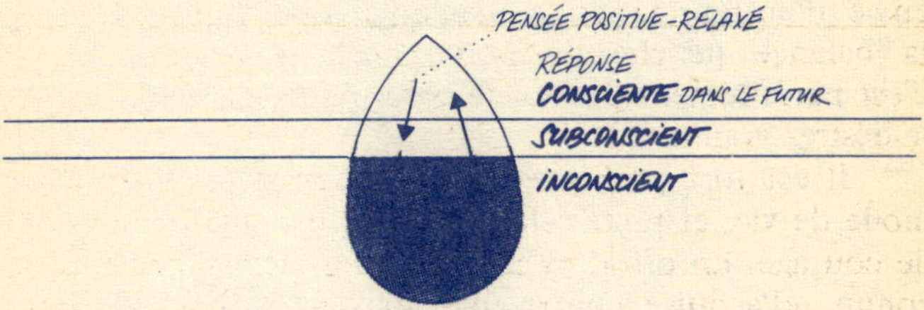

Entraînez-vous en étant relaxé, à imaginer un futur positif, et le succès en sera le résultat.

3b. Dans la tradition chinoise, un être humain en bonne santé est symbolisé par :

un cercle en haut

une croix au centre

un carré en bas

Ce symbole représente un être humain debout, mais aussi en pleine harmonie avec lui-même et le cosmos.

Examinons la chose plus en détail :

L'homme est debout pour assumer une relation cosmique entre le ciel et la terre. C'est lorsque l'homme est debout que les méthodes de la Sophrologie sont les plus actives : la tête contre le ciel et les pieds à plat sur le sol.

En relaxation dynamique (R.D.) nous sommes assis ou debout pour sauvegarder la posture de l'être humain en pleine santé. Si nous sommes couchés, par contre, la relation cosmique est détruite et la technique est moins efficace.

Le symbole chinois de la mort est le suivant :

carré à gauche

croix au centre

cercle à droite

On peut en conclure que la mort n'est pas autre chose qu'une rupture d'équilibre entre le ciel et la terre.
Nous verrons ce sujet en détail plus loin.

Pour l'instant, examinons la signification de ces symboles :

- Le cercle signifie le ciel	(temps - pensées - esprit - intelligence - métaphysique)
- La croix signifie la vie	(sentiments - mental - psychologie)
- Le carré signifie la terre	(espace - sens - instincts - matière - corps)

En résumé, on peut donc dire qu'un être humain est en bonne santé lorsqu'il y a équilibre entre ces trois niveaux.

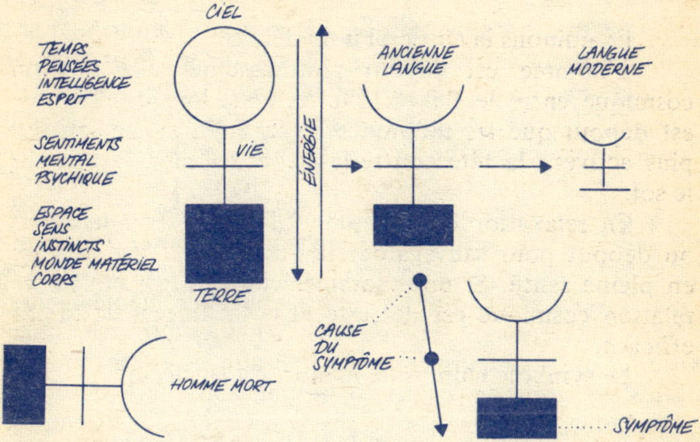

Si l'énergie est en dysharmonie dans l'un de ces niveaux, l'être humain tombe malade. Ceci est la base de la Sophrologie car, par définition, la santé est l'équilibre parfait entre l'esprit, le mental et le corps. La maladie est la perte de l'harmonie (ou de l'équilibre) entre ces trois niveaux, qui ne peuvent en aucun cas être séparés, ainsi que la médecine moderne tendrait à le penser. Ce n'est pas en auscultant et en traitant seulement le carré (le corps) et en laissant délibérément le reste de côté, soit la croix et le cercle (le mental et l'esprit), que nous pouvons établir une thérapie suffisante ; ce type de médecine est incomplet.

3c. Arrivés à ce point, nous devrions être à même de comprendre le but profond de la Sophrologie qui est d'obtenir et de maintenir l'équilibre parfait, l'harmonie entre - esprit - mental - corps. Dans la majorité des cas, un symptôme ressenti quelque part dans le corps peut trouver sa source soit dans le mental, soit dans l'esprit.

La médecine moderne, qui ne s'occupe que de notre corps physique, de ses symptômes (et pas des causes), est absolument incomplète et superficielle. Traiter un symptôme peut être utile mais, le plus souvent, bien insuffisant comme thérapie de guérison. Ce traitement peut stopper le mal, mais en aucun cas ne peut atteindre la cause, c'est-à-dire GUÉRIR vraiment, sauf s'il s'agit d'une maladie complètement organique.

Le but de la Sophrologie est de s'attaquer à la CAUSE du symptôme. Utilisée conjointement avec la thérapeutique conventionnelle, on pourrait parler de MÉDECINE TOTALE, qui pourrait être moins nocive, car nous n'avons, en effet, que très peu recours aux médicaments. Nous enseignons à nos patients comment trouver l'harmonie qui leur permettra de prévenir les symptômes et nous essayons de les rendre responsables de leur propre équilibre, de leur santé et, par conséquent, de trouver le bonheur.

Prévenir est la meilleure médecine.

La Sophrologie est une thérapie, certes, mais aussi un mode de prévention.

La médecine se devrait d'être beaucoup plus préventive, la thérapie étant plus volontiers l'exception à la règle et intervenant le plus souvent trop tard.

Dans la Chine ancienne, il y avait toujours un médecin à la Cour. Son rôle était uniquement de prévenir la maladie. Si un membre de la famille du Mandarin tombait malade, le praticien était condamné à mort.

Ces docteurs se référaient au principe de l'énergie, et aussi à l'idée que la santé était étroitement liée au parfait équilibre entre le cercle, la croix et le carré. Ils avaient déjà découvert qu'un déséquilibre au niveau de la croix ou du cercle précédait toujours un symptôme dans le corps physique. Il leur était ainsi possible de connaître à l'avance l'apparition du symptôme et, par là même, de l'éviter.

Je suis certain que cette manière de penser et d'agir est absolument correcte. La prévention à un haut niveau est absolument possible. L'expérience a d'ailleurs été tentée, en Suisse il y a une dizaine d'années, et les statistiques font état d'une diminution des frais médicaux de 27 à 40%, selon les groupes, sur les milliers de personnes qui se prêtèrent à l'expérience. Tous étaient initiés à la Sophrologie. Cela présage-t-il l'aurore d'une nouvelle médecine ?

3d. Selon l'éducation reçue, la plupart des gens ont des difficultés à comprendre, voire accepter l'existence d'un niveau mental et spirituel chez les êtres humains. Essayons de pénétrer ces niveaux :

Tout notre système d'éducation est basé a 100% sur le *carré,* c'est-a-dire sur *le matérialisme* et la rationalité, nous ne faisons que stimuler l'hémisphère gauche de notre cerveau, et ainsi nous n'expérimentons qu'une très faible part de notre «totalité». Résultat : nous sommes une société matérialisée, esclave de ses instincts, nous sommes en fait des scientifiques qui n'ont que le corps et ses symptômes pour objet. Peu à peu, notre intelligence s'émousse, car nous ne vivons qu'au niveau du carré. Conditionnés jusqu'à l'abrutissement, nous avons créé un troupeau humain ayant graduellement perdu la notion d'un «tout», de l'amour, de nos émotions et, naturellement, de notre spiritualité. Le monde spirituel est, pour la plupart de nos contemporains, une vaste hérésie. Nous ne parlons plus que d'argent, de sexe ou de profession, ce qui nous mène graduellement sur la pente glissante d'une robotisation où nous devenons incapables de penser. Pourquoi ne pas essayer, aujourd'hui, tout en vaquant à nos affaires, de méditer sur ce qui précède et d'ouvrir enfin les yeux.

Comme mentionné ci-dessus *le cercle* préfigure le côté spirituel de l'être humain correspondant *au divin*, là où les choses sont inexplicables, mais plutôt expérimentées, vécues. Cela peut s'appliquer à la communication dite «non verbale», et cette relation silencieuse entre deux êtres humains est la plus puissante qui soit, et même beaucoup plus qu'une communication verbale. Lorsque vous me lisez très attentivement, et si vous m'écoutez, vous constaterez que j'essaie de correspondre avec vous au-delà des mots, des phrases, et nous pouvons alors parler de communication «spirituelle». Mais si vous me lisez en n'utilisant que votre entendement rationnel, alors nous communiquerons au niveau du *carré.* On parlera alors de symbolique *profane.*

La communication au niveau de *la croix* représente la symbolique *sacrée.* Vous ressentez mes paroles, elles créent en vous une émotion plus ou moins intense, étroitement liée aux symboles employés, au-delà de toute rationalité, et vous écoutez un langage sacré.

C'est assez compliqué, essayez de comprendre mais sans toutefois trop fatiguer votre attention.

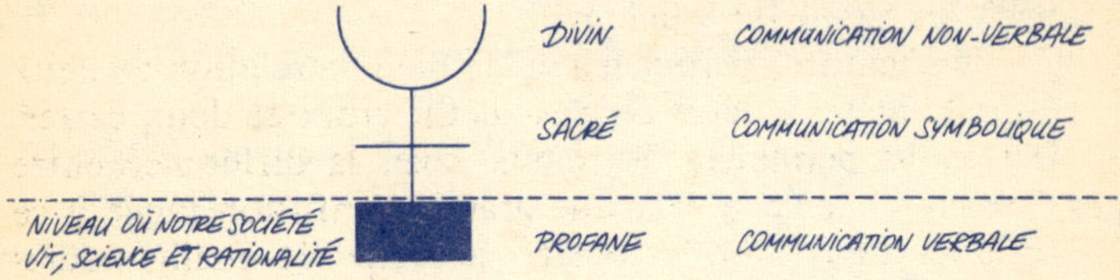

3e. Si l'on se réfère aux pages précédentes, sur le concept de l'être humain vertical, en bonne santé, et que nous considérons notre anatomie, nous découvrons que le cercle représente notre tête, la croix schématise notre poitrine avec les bras (en croix), et le carré notre abdomen.

Notre tête contient le cerveau qui est l'organe de la pensée, de l'intelligence, c'est notre organe spirituel grâce auquel nous pouvons communiquer complètement avec nous-même ou avec les autres, sans prononcer un mot.

A l'intérieur de notre thorax, nous avons les poumons et le cœur qui sont directement reliés à nos émotions et à nos sentiments. Chaque fois que nous avons une émotion, il se produit un changement au niveau du rythme cardiaque et de la respiration. Cette croix représente donc la partie de notre corps dite «sacrée», là où les organes sont reliés à la psyché.

Dans l'abdomen par contre, nous avons les organes matériels reliés à l'instinct, au carré.

Si nous regardons de plus près, nous remarquons que le cerveau, dit organe «divin» est complètement protégé par une carapace, par le crâne et de ce fait, intouchable. Notre cœur et nos poumons, organes dits «sacrés» le sont moins bien par le thorax : en effet, il y a des espaces entre les côtes. Les organes abdominaux, dits organes «profanes» ne sont pas protégés du tout ; nous pouvons même les toucher.

Imaginons, si vous le voulez bien, la relation de deux êtres humains : deux cercles, deux croix et deux carrés. Cela nous permettra de mieux saisir la différence entre l'amour et le sexe. Car une grande confusion règne à ce propos, dans notre société actuelle et malheureusement nous les confondons trop souvent. Le sexe seul est destructif, il ne crée de relation qu'au niveau des «carrés», c'est-à-dire bassement matérielle. Abuser du sexe, tendance très répandue dans notre société contemporaine, est un acte purement physique, qui conduit à la névrose, voire à des troubles fonctionnels.

La chose la plus importante en ce monde est L'AMOUR. Si vous vous basez sur ce principe de l'amour, et qu'à celui-ci vous ajoutez le sexe, alors l'amour s'en trouvera renforcé. Le véritable amour peut exister uniquement si la projection réciproque entre deux êtres existe aussi aux niveaux spirituel et mental. L'amour à ces niveaux peut exister d'ailleurs entre deux personnes du même sexe et entre parents et enfants.

Cet amour-là devrait prendre le pas sur le sexe, car, sans amour, l'acte sexuel n'est qu'un acte bestial, ne pouvant donner qu'un plaisir superficiel . Pour atteindre la plénitude de l'orgasme, la présence de l'amour est indispensable.

IV LES DEUX HÉMISPHERES

4a. - *Veuillez vous assoir et fermer les yeux. Concentrez votre attention sur l'œil droit et bougez-le sous vos paupières closes, de manière à dessiner une croix imaginaire, un triangle, un carré, puis un cercle.*

Ensuite, faites de même avec l'œil gauche... Vous prenez ainsi conscience de vos deux yeux.

Puis, les yeux toujours clos, regardez un arbre fruitier en fleurs avec l'œil droit pendant que de votre œil gauche vous vous représentez le même arbre, couvert de neige. Maintenez ces deux images simultanément.

Essayez maintenant de réunir les deux arbres, pour n'en former qu'un seul, en automne avec les feuilles qui tombent sur le sol.

La Sophrologie enseigne des méthodes susceptibles d'augmenter les capacités du cerveau.

Dans notre société, l'accent est mis surtout sur la pensée rationnelle et tout ce que nous apprenons développe et utilise notre hémisphère gauche, où se trouvent les centres de la parole, de la rationalité, de l'intelligence concrète, de la volonté. L'hémisphère droit, lui, est relié à notre créativité, à l'imagination, à l'intuition, à l'intelligence abstraite.

On a imaginé de nombreux exercices pour développer l'usage des deux hémisphères, tel celui mentionné ci-dessus. Sa répétition régulière vous aidera à stimuler votre imagination et les fonctions de votre hémisphère droit. On peut imaginer de nombreux exercices semblables, par exemple :

- *Imaginer un cheval blanc avec l'œil gauche, un cheval noir à droite, ou inversement, puis les réunir pour former un seul cheval gris, au centre.*

On peut ainsi diversifier cette technique avec toutes sortes d'objets naturels, des formes géométriques et des couleurs.

4b. Essayons ce simple exercice :

- *Assis, nous couvrons les oreilles de nos mains, les paumes en forme de coquille, mais sans toucher les oreilles. Fermons les yeux et écoutons le son de l'air emprisonné dans nos mains.*

Cela ne ressemble-t-il pas à des vagues, à la résonnance de lointains rivages marins ? Imaginons quelques instants que nous sommes au bord de la mer, que nous nous promenons pieds nus dans le sable fin ou peut-être prenons-nous un bain de soleil ?

- *Même posture que dans l'exercice précédent, les mains également en coquille sur les oreilles. Les yeux fermés, le visage ainsi que les épaules détendus, respirez doucement par l'abdomen. . . Essayez, alors que vous êtes détendus, d'écouter de votre oreille droite un de vos morceaux favoris de musique classique et, simultanément, dans la gauche, essayez d'évoquer du jazz.*

Cet exercice stimule l'imagination et la créativité et, en même temps, votre mémoire s'en trouve fortifiée.

Vous pouvez pratiquer régulièrement cet exercice, en variant les sons selon votre désir. Au premier abord, cela peut vous paraître impossible, mais par la suite, grâce à une pratique répétée, il devient parfaitement possible d'entendre des sons qui viennent de l'intérieur, de la mémoire.

4c. - *Veuillez vous étendre et fermer les yeux. Essayez, dans cette posture, de vous relaxer aussi profondément que possible, respirez lentement et bien à fond par l'abdomen.*

A chaque expiration, pensez : relaxé. . .

Maintenant, concentrez-vous sur l'air que vous inhalez par les narines, vous noterez qu'il est plutôt frais. Et concentrez-vous aussi sur l'air que vous exhalez, qui est plus chaud. . . Pénétrez-vous consciencieusement de ce changement de température :

Frais lorsque vous inhalez - plus chaud lorsque vous expirez. . .

Au moment où vous êtes pleinement conscient de cette variation de température, vous pouvez alors remuer les orteils, serrer les poings, inspirer profondément, étendre bras et jambes et ensuite seulement, ouvrir les yeux.

Voici une des façons de développer la bilatéralité de votre cerveau :

- *Étendu, les yeux fermé, vous vous relaxer le plus*

profondément possible... Vous vous concentrez alors sur l'air entrant par vos narines en inspirant. Sentez comme il pénètre par vos deux narines... Maintenant, sans toucher votre nez, essayez de diriger l'air dans la narine droite seulement, inspirez et expirez avec la seule narine droite.

Ensuite, mentalement, vous dirigez votre respiration en inspirant et expirant par la narine gauche uniquement...

Après deux ou trois minutes de cet exercice commutant l'air de la droite vers la gauche et inversement, vous pouvez remuer les orteils, les doigts, les muscles faciaux, vous étirer, faire une respiration profonde et ouvrir les yeux.

Cet exercice, au début, peut vous sembler quelque peu rebutant, mais il devient aisé et agréable avec un peu d'entraînement.

4d. *Veuillez fermer les yeux et vous relaxer au mieux de vos possibilités, car nous allons maintenant expérimenter une meilleure utilisation de l'hémisphère droit de notre cerveau.*

Imaginez que vous montez à cheval. Il fait très froid, mais vous portez une épaisse pelisse et de gros gants. Vous sentez le froid mordant votre visage, mais le reste de votre corps est chaud. Écoutez le vent et suivez le mouvement de votre monture... Observez aussi l'environnement et imaginez-le réel.. Ce que vous vivez est tellement réel que vous avez peine à croire que cela vient de votre imagination. L'impression est d'ailleurs très similaire à un rêve car, lorsque vous rêvez, vous ne savez pas que vous rêvez, cela semble une réalité.

Après ce beau rêve éveillé, vous pouvez vous réveiller complètement de la manière indiquée dans les exercices précédents.

Vous avez pratiqué un exercice dans le but d'entraîner votre imagination. Pratiquez ce genre d'exercice régulièrement car, le merveilleux, c'est qu'en étant profondément détendu, il n'y a ni espace, ni temporalité, et l'imagination n'a pas de limite.

La vie est jalonnée de buts que nous poursuivons, pouquoi ne pas employer l'imagination pour les atteindre ? Ce procédé sera d'autant plus actif si nous le pratiquons en état sophronique.

- Fermez les yeux, relaxez-vous profondément...Une fois bien relaxé, tentez de programmer votre futur en vous imaginant, en détail, la situation que vous désirez atteindre, avec le succès le plus complet.

Lorsque vous l'aurez bien «vue», vous pourrez vous étirer complètement, ouvrir les yeux, et revenir à la réalité.

Vous pouvez ainsi utiliser votre imagination pour une foule de choses et vous serez étonné des résultats.

Évidemment, la plupart d'entre nous utilise déjà l'imagination, mais souvent négativement. Par exemple, avant d'aller au lit nous pensons à la journée du lendemain et nous imaginons que nous allons rater un examen, tomber malade, manquer un rendez-vous, ou simplement ne pas réussir ce que nous allons entreprendre, etc. . . et cela, effectivement arrive, «tout va de travers.» (sans parler des longues minutes où il sera difficile de s'endormir imaginant négativement l'avenir, alors qu'il serait si agréable de le faire avec des idées positives.)

Il est très important de s'imprégner de l'idée que nous pouvons changer notre vie en utilisant notre imagination consciemment et positivement.

4e. Maintenant, je désire vous enseigner un exercice respiratoire très spécial pour mieux contrôler vos deux hémisphères.

- Étendu, soit au sol, soit sur votre lit, vous fermez les yeux, et, comme d'habitude, vous relaxez les muscles de votre visage, de votre nuque, des épaules, du thorax, de l'abdomen, des bras et des jambes. Et vous vous concentrez sur votre respiration.

Habituellement, vous respirez par le nez en inhalant l'air dans vos deux poumons. Aujourd'hui, vous allez tenter de maîtriser vos poumons.

Pour cela, vous portez votre attention sur votre thorax et vous sentez vos poumons s'élever et s'abaisser lentement... Essayez de stopper votre poumon droit en ne respirant plus qu'avec le gauche. Fixer toute votre pensée sur ce poumon qui respire, en vous imaginant comment il fonctionne, comment il se meut, comment l'air le pénètre... Il devient votre respiration propre... Tout votre côté gauche respire...

Puis, arrêtez la respiration par le poumon gauche et ne respirez plus qu'avec le droit.

Lorsque vous êtes capable de maîtriser cet exercice de bout en bout, et pas avant, alors remuez les orteils, les doigts, étirez les bras et les jambes, inspirez et expirez profondément puis lorsque vous le décidez, ouvrez les yeux.

En maîtrisant de cette façon votre respiration, vous contrôlez également votre cerveau. Sur le plan métaphysique, lorsque vous inspirez, votre corps emmagasine l'énergie du cosmos et, lorsque vous expirez, vous redonnez une part de vous-même à tout l'univers.

Ainsi, respirer correspond à un échange universel. Peu à peu, vous constaterez que vous êtes une représentation totale de l'univers. Tout existe en vous-même, par conséquent vous pouvez tout y trouver. Pourtant, dans notre civilisation, chacun cherche ce dont il a besoin dans un monde extérieur à son être, ce qui entraîne souvent bien des misères.

Le bonheur est en vous, cherchez-le ! Tant que vous le chercherez ailleurs, vous vous détruirez et vous vous sentirez malchanceux et triste.

Faites souvent une introspection profonde en vous-même, et vous trouverez tout ce que vous désirez, car votre corps est un microcosme, un univers total en lui-même.

V LA RESPIRATION

5a. La Sophrologie donne une grande importance à la respiration. Respirez une fois profondément et observez la manière dont l'air pénètre vos poumons. Je parierais que vous respirez mal, ce qui est d'ailleurs le cas de la majorité de nos congénères. Inhalez-vous l'air avec votre poitrine ou juste au niveau des épaules ? Si vous respirez ainsi, cela montre que vous êtes stressé et capable seulement de vous maintenir en vie, et certainement pas de jouir d'une bonne santé.

Une mauvaise respiration est la porte ouverte à toutes sortes de désordres organiques. Il faut donc absolument changer votre manière de respirer :

- *Debout, appliquez votre main sur votre abdomen. Puis expirez en chassant le plus d'air possible, encore. . . encore . . .*

Pour inspirer, poussez votre main à l'aide de l'abdomen et observez comment l'air peut ainsi envahir la partie basse de vos poumons, le ventre se gonfle comme un ballon. . .

Pour expirer, contrôlez avec votre main que l'abdomen se vide complètement et devient tout à fait plat.

Faites ainsi régulièrement, plusieurs inspirations et expirations avec le va-et-vient de votre main sur le ventre.

Cette façon de respirer est celle d'une personne saine. Vous pouvez le contrôler très souvent et, lorsque cela sera devenu automatique, vous constaterez que cela peut changer votre vie. Pour cela, il faut vous déconditionner par rapport à votre ancienne respiration et ne plus respirer que par le ventre. Peu à peu, vous créez un automatisme, qu'il faudra encore contrôler de temps en temps.

Si vous avez un bébé ou un animal près de vous, observez attentivement leur manière de respirer. Sauf s'ils sont névrosés, ils le font toujours avec leur abdomen. Qu'il s'agisse soit des bébés, soit des indiens non civilisés de l'Amazonie ou encore des animaux, on doit constater que tous n'utilisent que leur abdomen, le reste des poumons n'étant sollicité que pendant l'effort. Leur diaphragme monte à l'expiration et s'abaisse à l'inspiration, occasionnant ainsi un massage profond des organes internes et une bonne circulation sanguine dans tout l'abdomen.

A propos, savez-vous que le diaphragme est le muscle respiratoire qui sépare le thorax de l'abdomen ? Si vous êtes continuellement sous tension, il est le plus souvent paralysé et il en résulte des désordres organiques tels que : constipation - problèmes génitaux - insuffisances biliaires et hépatiques - etc.
Alors n'oubliez pas : RESPIREZ ABDOMINALEMENT, cela peut nettement améliorer votre santé.

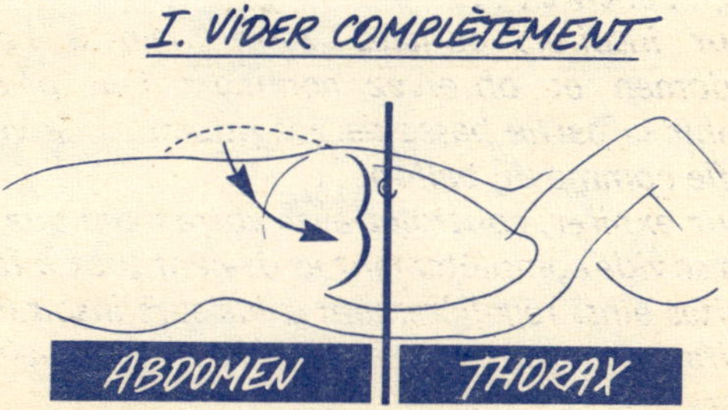

II. INSPIRER 1+2+3

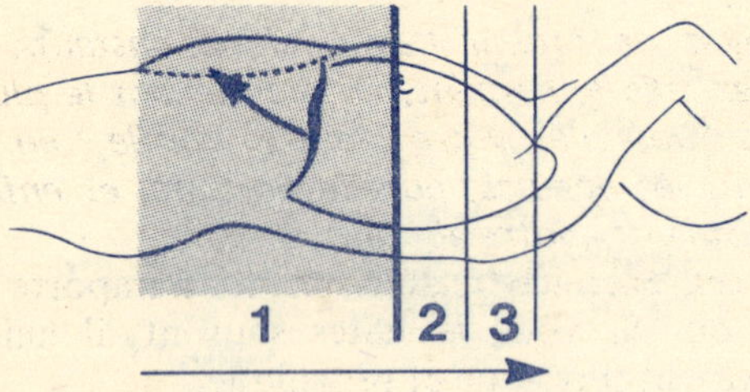

III. EXPIRER COMPLÈTEMENT

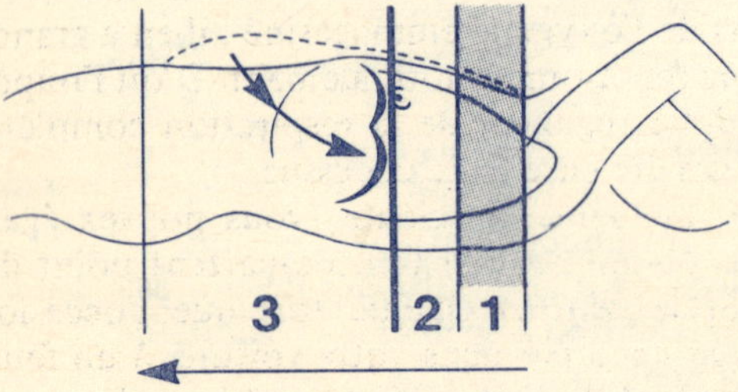

5b. Après avoir examiné le schéma, nous apprendrons un autre exercice respiratoire et comment utiliser complètement nos poumons.

- Veuillez vous allonger sur le dos et poser une main sur votre abdomen. Expirez à fond... Videz vos poumons...

Puis inspirez lentement par le nez, en emplissant en premier l'abdomen qui doit pousser votre main... Lorsque vous sentez que votre ventre est plein d'air, essayez d'inhaler encore de l'air dans votre poitrine, en laissant le ventre dehors. Ensuite, soulevez vos épaules et remplissez-les avec encore plus d'air...

Vous aurez l'étrange impression d'être comme un ballon.

Essayez de retenir l'air quelques instants... puis expirez très lentement, en maintenant le plus longtemps possible votre ventre gonflé, en vidant d'abord les épaules, puis la poitrine, et enfin «last but not least» votre abdomen.

Pratiquez cet exercice régulièrement, n'importe quand, n'importe où. Si vous le faites souvent, il améliorera votre rendement physique et psychique.

Quand vous vous remplissez d'air, vous augmentez automatiquement la quantité d'oxygène dans votre corps et, plus important encore, dans votre cerveau qui consume un tiers de l'oxygène emmagasiné ; il en a grandement besoin pour fonctionner normalement. D'où l'importance d'une pratique régulière de la respiration complète, telle qu'elle vous a été enseignée ci-dessus.

D'une manière consciente, vous pouvez également remplir vos poumons d'air (en n'omettant point de commencer par le ventre) chaque fois que l'occasion s'en présente, par exemple dans votre voiture, à un feu rouge, ou en regardant les vitrines durant le trajet pour vous rendre au travail, ou encore dans une file d'attente à la poste ou dans un magasin, etc. Cette pratique de la respiration complète, sur une base régulière, va augmenter votre force et votre faculté de concentration et de mémorisation. C'est facile et ne vous coûte rien.

En résumé, souvenez-vous :

-Videz à fond vos poumons, puis inspirez en gonflant l'abdomen, la poitrine et les épaules. Retenez l'air quelques secondes, et ensuite expirez très doucement, les épaules en premier, puis la poitrine, puis le ventre.

Pour augmenter la concentration cérébrale, vous pouvez bouger lentement votre tête, comme pour dire non, lorsque vos poumons sont pleins.

5c. *Restez là où vous êtes, que vous soyez couché, assis ou debout. Fermez les yeux et décontractez complètement votre visage, vos yeux, votre nez, votre menton et votre bouche en décollant la langue du palais... Relaxez vos épaules et respirez doucement et profondément avec votre abdomen... Ensuite, essayez d'accélérer votre respiration : inspirez... expirez... plus vite... encore... inspirez.. expirez...*

Puis respirez normalement et imaginez que vous allez réussir tout ce que vous entreprendrez aujourd'hui, ou, si vous le préférez, dans un proche avenir.

Une fois bien relaxé, vous entrez en communication avec votre *inconscient.*

Au moment où vous respirez plus profondément, votre corps transporte davantage d'oxygène en direction de votre cerveau et, par voie de conséquence, plus de «prâna», d'énergie vitale.

Relaxé, et avec une plus forte charge d'énergie dans votre cerveau, *votre imagination se focalise* sur une réussite qui pénètre votre inconscient et influence votre avenir.

C'est la raison pour laquelle vous devriez prendre l'habitude, chaque soir ou chaque matin, d'imaginer positivement vos activités quotidiennes.

5d. Cet exercice va vous enseigner comment respirer pour stimuler les fonctions digestives :

- *Couché, les yeux clos, expirez... videz complètement vos poumons... Maintenant, inspirez en rem-*

plissant en premier votre estomac, puis votre thorax, et enfin vos épaules. . . Ensuite, vous expirez lentement et complètement : d'abord les épaules, puis le thorax, et enfin l'abdomen. . .

Lorsque vos poumons sont complètement vidés et avant la respiration suivante, prenez vos chevilles avec les mains en arquant votre corps vers le haut, le contact avec le sol n'étant assuré que par les pieds, les épaules et la tête.

Dans cette posture, toujours poumons vides, vous remuez votre ventre - en dedans - en dehors - jusqu'à ce que vous ne puissiez plus résister et deviez absolument reprendre votre souffle. N'allez pas au dessus de vos possibilités et reprenez votre souffle lentement.

Recouchez-vous alors normalement et respirez à votre rythme. Répétez cet exercice trois fois.

Ce mouvement - ventre dedans - ventre dehors - est très efficace pour guérir la constipation.

De nos jours, les constipés sont légion. La cause principale est une expiration trop réduite. Si vous commencez à respirer par le ventre et que vous pratiquez régulièrement l'exercice démontré ci-dessus, vous allez immanquablement améliorer votre circulation sanguine, laquelle, à son tour, va stimuler tous vos organes internes, même les organes génitaux.

Il est bien clair que, si vous n'évacuez pas de façon régulière, vous augmentez les toxines dans le sang, ce qui crée une situation de stress dans votre corps.

Pour votre orientation, un homme sain devrait aller à selles après chaque repas.

5e. Voici un exercice de relaxation dynamique, premier degré, selon la méthode du Docteur A. Caycedo.

- Tenez-vous confortablement debout, en position orthostatique, les pieds légèrement écartés, les genoux légèrement fléchis, et fermez les yeux. Relaxez votre

visage, vos yeux, vos épaules, votre abdomen. . . Respirez lentement et profondément avec votre ventre. . . Soyez parfaitement conscient de votre position : tête vers le ciel et pieds bien sur terre, la position d'un être sain. . . Expirez à fond, puis inspirez d'abord avec l'abdomen, ensuite avec le thorax et les épaules. . . En retenant votre souffle, posez vos doigts sur le front et bouchez vos narines à l'aide des pouces. Penchez-vous en avant à partir du bassin en retenant toujours la respiration aussi longtemps que cela vous sera possible. . . Quand vous ne tiendrez plus, laissez le souffle littéralement «exploser» de votre nez, en d'autres termes, chassez violemment l'air en écartant les bras.

Répétez cet exercice trois fois, en vous concentrant sur ce que vous ressentez, en étant attentif pleinement à «l'ici et maintenant», et à toutes vos sensations.

Lorsque vous avez terminé, bougez vos orteils, vos doigts, étirez-vous copieusement, et ouvrez les yeux.

Le simple fait de vider vos poumons par le nez de cette manière explosive provoque des vibrations au niveau de la muqueuse nasale ; votre nez contient de nombreux nerfs et cette vibration crée de très importants réflexes, qui agissent directement au niveau du cerveau par l'intermédiaire des douze nerfs crâniens.

De plus, vous pouvez améliorer votre vue et votre ouïe avec une pratique régulière de cet exercice. Vous allez même améliorer votre digestion par les réflexes qui touchent le nerf pneumogastrique.

N'oubliez pas surtout, lorsque vos poumons sont complètement pleins d'air, de bloquer vos narines avec vos pouces, de vous pencher en avant et de laisser l'air «exploser» hors de vos narines.

Après cet exercice, pendant la phase dite de «récupération», essayez de devenir le plus possible conscient des messages qui viennent de l'extérieur. C'est un moyen de vous familiariser avec la proprioception, c'est-à-dire les messages qui viennent de vos fibres musculaires, ainsi que l'interoception, soit les messages qui viennent de vos organes.

L'intero- et la proprioception informent à chaque instant le cerveau sur l'état du corps.

5f. *- Mettez-vous en position orthostatique, pieds écartés et genoux légèrement fléchis. Fermez les yeux. Détendez le visage, les épaules, l'abdomen... Respirez lentement par le ventre ... Installez-vous bien dans votre peau, debout entre ciel et terre... Permettez à l'énergie de circuler librement à travers votre corps... Expirez complètement, puis inspirez en remplissant vos poumons à fond - abdomen, poitrine, épaules - et maintenez vos poumons pleins, bouchez vos oreilles avec les pouces, avec vos index, pressez sur vos paupières pendant que vous obturez vos narines avec vos medius. Inclinez-vous en avant... Lorsque vous ne pouvez plus retenir votre respiration, jetez brusquement vos mains en avant et rejetez l'air très rapidement par vos narines.*

Répétez cet excercice trois fois, en observant attentivement quelles sont vos sensations. Après cela, vous pouvez émerger lentement de votre relaxation en remuant les orteils, les mains, en vous étirant et en inspirant - expirant profondément et, enfin, en ouvrant les yeux.

Les nerfs tapissant les muqueuses du nez sont une ramification du nerf trijumeau. Ce nerf est, comme nous l'avons déjà expliqué, connecté à tous les autres nerfs crâniens. Par conséquent, en faisant «vibrer» les muqueuses du nez, par une expiration explosive, il se crée automatiquement d'importants réflexes sur tous ces nerfs.

Si vous pratiquez les deux précédents exercices de Relaxation Dynamique avec constance (et conscience), les réflexes centraux vont agir tant sur le plan mental que physique, dans la direction d'une équilibration fonctionnelle. Conséquence logique, vous serez mieux «au fait» de vous-même, de vos sensations et de votre vécu intérieur. Vous apprendrez peu à peu à mieux vous accepter.

L'acceptation de soi, voire un peu d'amour pour ce que l'on est, n'a rien à voir avec le narcissisme, mais permet de mieux comprendre et accepter les autres.

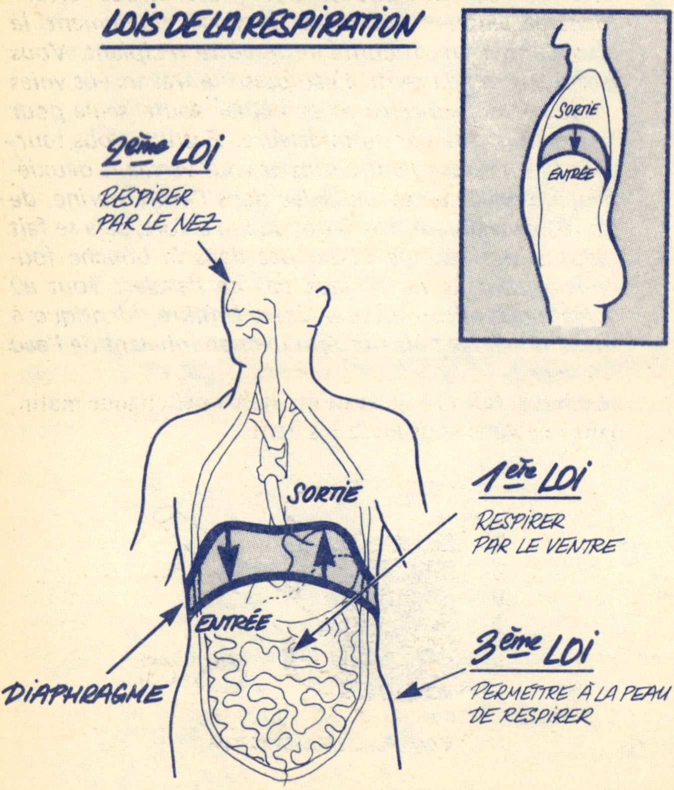

5g. Je vais tenter de vous décrire le «NETI-KRYIA», une méthode pour nettoyer, «purifier» le nez et les sinus. Il faut vous procurer un petit récipient muni d'un bec-verseur, à défaut, d'une petite théière.

- Remplissez celui-ci d'eau tiède dans laquelle vous ajoutez un peu de sel fin, environ 9 g/l, mais vous trouverez vous-même la proportion juste et qui vous conviendra après quelques essais préliminaires. Devant un lavabo, vous inclinez la tête d'un côté et vous respirez doucement par LA BOUCHE OUVERTE. Vous pouvez alors placer le bec-verseur dans la narine supérieure et verser lentement la moitié environ du contenu de votre récipient. Vous serez surpris de sentir l'eau passer à travers vos voies respiratoires supérieures et couler toute seule pour ressortir par la narine inférieure. Ensuite, vous tournez la tête dans l'autre sens et vous versez la deuxième moitié de cette eau salée dans l'autre narine, de la même manière. Ne faites aucun effort, cela se fait tout seul, l'eau ne coule pas dans la bouche (ouverte) et vous ne risquez pas de l'avaler. Tout au plus, vous éprouvez une légère brûlure, identique à celle que vous pourriez éprouver en inhalant de l'eau de mer.

Le NETI-KRYIA devrait être pratiqué chaque matin, pendant que vous vous lavez les dents.

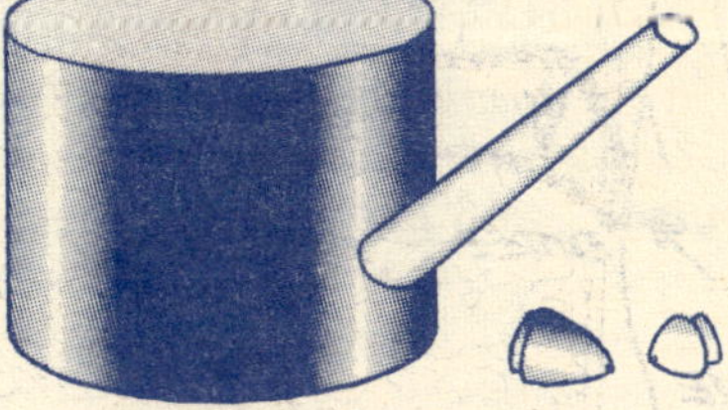

KAFA POUR LE NETI KRYIA

Une pratique suivie du Neti-Kryia devrait éliminer toutes les mucosités se trouvant dans le nez et les sinus. Cette méthode, qui nous vient de l'Inde ancestrale est assurément le meilleur moyen de prévenir les rhumes et les sinusites.

Par ailleurs, l'eau coulant le long des canaux du nez crée un important réflexe central qui stimule les nerfs optiques et acoustiques également.

Il vaut vraiment la peine de le pratiquer sérieusement car, tout en améliorant la vue et l'ouïe, cette méthode augmente considérablement le pouvoir de concentration. J'ai connu des personnes qui n'ont plus besoin de leurs lunettes, grâce à cette pratique bénéfique.

En Sophrologie, avant de pratiquer la R.D. (relaxation dynamique), nous avons coutume de recourir au Neti-Kryia.

Pour votre orientation, il existe des récipients, nommés «KAFA», spécialement adaptés à cet usage (voir illustration). APRES L'EXERCICE, NE VOUS MOUCHEZ PAS, SOUFFLEZ SIMPLEMENT VIVEMENT PAR VOTRE NEZ SUR LE LAVABO, tête fléchie vers le haut, puis vers le bas, et enfin tournée à gauche puis à droite.

5h. - *Debout, dans une position aussi confortable que possible, vous fermez les yeux et relaxez votre visage, vos yeux, vos joues, vos lèvres et votre menton. . . Vous détendez également les muscles de la nuque et des épaules, du thorax et de l'abdomen. Ensuite, expirez, videz vos poumons le plus possible. . . En inspirant, vous emplissez d'abord le ventre, puis le thorax et enfin les épaules. . . Lorsque vos poumons sont pleins, retenez cet air, surtout ne respirez pas. Serrez les poings, les bras le long du corps, et remuez rapidement vos épaules de bas en haut. Simultanément, tournez lentement la tête de droite à gauche et inversement, comme si vous vouliez dire non. . .*

Quand vous êtes fatigué et que vous ne pouvez plus retenir votre respiration, arrêtez les mouvements et expirez très rapidement tout l'air de vos poumons par le nez.

Décontractez-vous quelques secondes en restant à l'écoute de votre corps... Faites cet exercice trois fois, en observant toutes vos sensations... Ensuite, vous allez penser en vous-même qu'un beau jour se prépare et que tout va marcher «du tonnerre»... Alors vous pouvez remuer les orteils, serrez les poings, inspirez et expirer profondément, et ouvrir les yeux.

Cet exercice permet une saturation du sang en oxygène et une augmentation du volume sanguin dans le cerveau. Il fait partie de la Relaxation Dynamique, premier degré, et ses origines proviennent de la technique indienne du Raja-Yoga. Une pratique suivie améliorera progressivement votre concentration et votre mémoire. L'activité cérébrale s'en trouvera stimulée et vous serez à même de ressentir vos sensations et de vivre votre corps. «Connais-toi toi-même» disait Socrate 500 ans avant Jésus-Christ.

C'est aussi le but profond de la Sophrologie, enseigner des méthodes pour mieux «se connaître soi-même», maîtriser ses émotions et son corps.

5.i. - *Étendu confortablement, les yeux clos, vous décontractez votre visage, vos épaules, vos bras, vous relaxez votre poitrine et votre abdomen, vous décrispez vos lèvres... Laissez votre corps peser de tout son poids sur le sol ou sur le lit... Maintenant, concentrez-vous uniquement sur votre respiration, ceci sans recourir à la volonté... Peu à peu, vous éprouverez cette sensation unique que l'air pénètre jusqu'aux confins de votre corps... Vous respirez non seulement avec vos poumons, mais avec votre corps tout entier... Vous devenez vous-même respiration...*

Rien que respiration... Chaque pore de votre corps respire et vous vous dites en vous-même : Je suis ma respiration - je deviens l'air que je respire.

Faites cela aussi longemps que vous en avez envie. A la fin, remuez les orteils, serrez les poings, étirez très loin les bras et les jambes, inspirez et expirez profondément et ouvrez les yeux. Etes-vous bien ?

Lorsque vous exécutez l'acte de respiration vous utilisez vos poumons mais, en réalité, la portée de cet acte, simple en soi, peut mener beaucoup plus loin.

Pendant l'inspiration, vous êtes en contact direct avec le cosmos. En même temps que de l'oxygène, vous inhalez une quantité d'électrons de mémoire cosmique, ainsi qu'une énergie vitale, nommée en Inde : «PRANA», au Japon : «KI» et en Chine : «TCHI». Cette energie, en grande partie, prend la direction des poumons, bien sûr, mais elle passe d'abord par le nez.

On devrait toujours *respirer par le nez,* toute autre respiration devant être l'exception qui confirme la règle. Une fois que l'air a pénétré èn tourbillonnant dans les poumons, l'oxygène et d'autres gaz tels que néon, xénon et azote vont rejoindre le flux sanguin pour assurer les fonctions inhérentes au corps.

Vous savez déjà que les neurones du cerveau sont d'importants consommateurs d'oxygène. Et vous savez également que l'oxygène pénètre votre corps, pour le sixième, par la peau. Ainsi, lorsqu'on dit que le corps entier respire, c'est bien la vérité. Donc, essayez de ressentir cette respiration totale jusqu'au plus profond de vous-même.

VI LE STRESS

6a. Plutôt que de permettre au stress de vous ronger, vous pouvez apprendre comment l'utiliser d'une manière créative. Le stress est nécessaire, à condition qu'il ne conduise pas à la détresse qui est dangereuse et destructive. La Sophrologie enseigne des méthodes propres à endiguer l'anxiété et aussi à contrôler vos réactions physiques. En vous servant du stress avec astuce, vous augmenterez votre potentiel de créativité, vous deviendrez plus efficient et plus résistant aux maladies de civilisation. Faire bon ménage avec le stress sera le meilleur moyen de trouver la joie et l'équilibre.

Mais ne confondez surtout pas stress avec «stressor» ou agents responsables du stress. Le stress est votre réponse physique aux agents stressants inhérents à vos problèmes, qu'ils soient d'ordre privés ou sociaux.

Si vous êtes confronté à un problème tangible ou à un environnement bruyant, votre corps fabriquera sa réponse que nous appelons stress et qui est d'ailleurs toujours accompagné d'altérations chimiques et physiques. On notera une tension musculaire accrue dans le corps tout entier, votre cœur battra plus rapidement, votre pression sanguine va s'élever également et votre respiration deviendra superficielle. Vous vous trouverez alors prisonnier du syndrome : «combattre ou fuir».

Le niveau de sucre dans le sang, le cholestérol ainsi que les catécholamines augmenteront notablement et, parallèlement, la quantité des globules blancs et des anticorps va décroître rapidement. Votre capacité de résistance va s'en trouver amoindrie et c'est la voie ouverte à toutes sortes d'infections, votre système défensif sera battu en brèche par les virus et les microbes, et ce sera la maladie.

Grâce aux techniques de la Sophrologie, il sera désormais possible de mettre nos réactions et nos tensions sous un contôle efficace, qui nous permettra de rester en bonne santé.

6b. Pourriez-vous imaginer un seul instant une vie d'où le stress serait complètement absent ? Ou sans problème aucun ? La vie serait d'une monotonie insupportable, vous en viendriez à perdre toute créativité et la motivation même de la vie ; très vite, vous tomberiez malade.

Pourtant, il y a des gens qui vivent ainsi ! Ils ont tout l'argent qu'ils désirent, certains n'ont pas besoin de travailler et, le plus souvent, ils passent leur temps à s'occuper de choses superficielles. La plupart sont très malheureux, ils souffrent de ce manque de stress, de cette absence de motivation, ils deviennent rapidement dépressifs ou souffrent de maladies fonctionnelles.

Il faut donc absolument comprendre que le stress est une chose très positive que vous devez apprendre à manier. Le stress est une «énergie de vie» et si vous apprenez à vous en servir correctement, vous deviendrez plus créatif, donc plus heureux. Vous pouvez parfaitement apprendre à diminuer la tension du stress lorsqu'elle devient trop forte, et aussi changer votre manière de réagir à certains problèmes.

La Sophrologie peut vous permettre de ne pas vous laisser déborder par les tensions quotidiennes et savoir comment utiliser cette force de manière créative.

Votre réaction, tant physique que psychique envers certains agents stressants (ou stressors) peut en être complètement modifiée. Plutôt que de permettre une escalade de tensions physiques et psychiques, lorsque vous êtes confronté à certains problèmes ou agressions, pourquoi ne pas les placer immédiatement sous contrôle, en vous relaxant complètement ? D'abord le visage, sans oublier les mâchoires, décontractez vos épaules et respirez profondément par l'abdomen. Cette simple relaxation physique crée une rétroaction cybernétique (feed-back) cérébrale instantanée, mettant ainsi un frein à votre état hyper-émotionnel.

Progressivement, vous réagirez consciemment au début, puis vous allez créer un réflexe conditionné qui, à votre insu, éliminera les effets négatifs de vos tensions.

Dès aujourd'hui, mettez cette méthode en pratique chaque fois que, d'une manière ou d'une autre, vous vous sentirez agressé. Automatiquement, votre réponse sera positive.

6c. Maintenant, prenez une feuille de papier blanche et de quoi écrire. Tirez un trait vertical pour la diviser en deux parties. Sur le côté gauche, vous allez noter tout ce qui, selon vous, est positif, agréable dans votre vie, par exemple votre travail, vos activités sportives, votre famille, votre vie sexuelle, et bien d'autres sources de satisfaction encore... Lorsque votre liste positive sera complète, écrivez dans la colonne de droite tout ce qui vous semble négatif, destructif. Par exemple le manque d'amour dont vous souffrez, vos soucis d'argent, vos dissensions domestiques, votre travail, votre vie sexuelle, etc. Prenez tout votre temps, n'oubliez rien.

Je vous expliquerai ce que nous allons faire de cette liste. Relisez ce que vous avez écrit plusieurs fois, peut-être y a-t-il une chose à laquelle vous n'aviez pas pensé de prime abord ?

Maintenant faisons l'inventaire d'un peu plus près. Certains se seront rendu compte que le côté négatif l'emportait sur le positif. En d'autres termes, le plateau de la balance, côté négatif, serait plus lourd.

Si les aspects négatifs de votre vie sont plus importants que les positifs, vous allez tomber malade. Alors essayez d'éliminer quelques éléments défavorables en simplifiant simplement votre façon de vivre, en supprimant quelques mauvaises habitudes.

Et pourquoi n'essayeriez-vous pas d'ajouter d'autres sujets positifs, des choses intéressantes que vous aviez envie d'entreprendre depuis longtemps, jusqu'à ce que la balance penche du bon côté ? Croyez-le ou non, c'est parfaitement possible et vous pouvez le faire, si vous le désirez vraiment.

Il est fort probable que vous deviez modifier votre mode de vie, et pour cela il vous faudra une bonne dose de courage. En effet, ce n'est pas très facile d'échanger le connu, «l'acquis» contre une nouvelle activité, de nouveaux choix. Mais ayez du cran, vous pouvez vous débarrasser des ennuis ou des habitudes, et vous verrez que «ça marche» !

6d. Beaucoup de personnes, souvent sans même s'en rendre compte, souffrent de «surstimulation» qui provoque d'importantes réactions physiques et psychologiques au plus profond de leur être, un stress permanent (tant il est vrai qu'à toute stimulation correspond le stress comme inévitable corolaire). C'est dans cette «surstimulation» que se trouvent toutes les surcharges sensorielles. Se reproduisant trop souvent, elles peuvent être, à la limite, très destructives.

Prenons par exemple le bruit, qui crée une réaction physique et psychologique des plus négative. Vous croyez peut-être qu'il est possible de s'accoutumer au bruit, mais ce n'est pas vrai. Le bruit œuvre dans l'ombre et de façon insidieuse sur tout le système nerveux et vous ne le ressentez pas, pourtant il agit même à travers votre peau. Il faut donc, dans la mesure du possible, éviter le ou les bruits.

Savez-vous qu'il existe des genres de musique capables de tuer les plantes ? Spécialement la musique dite «pop», dans laquelle on déplore généralement une débauche de décibels. Si vous fréquentez régulièrement des lieux où l'on diffuse cette sorte de musique, vous vous exposez à certains troubles de l'ouïe et vous vous engagez dans la voie de la maladie.

D'intéressantes expériences ont été faites à ce sujet, par exemple sur la relation des plantes avec la musique. Voici l'une d'entre elles.

Nous avons choisi des plantes de maturité similaire, plantées dans un même terreau, arrosées de façon identique et jouissant toutes de la même luminosité, et ceci dans quatre serres différentes. Dans la première serre, rien ne se passe, les plantes sont traitées traditionnellement ; dans la deuxième, une musique baroque est diffusée 24 heures sur 24 ; dans la troisième, on peut y entendre sans arrêt du jazz, style New Orléans et, dans la quatrième, plusieurs variétés de musique «disco». Dans chaque serre, les plantes sont mesurées avec précision chaque jour et la comparaison se fait avec les plantes de la première serre, où il n'y a pas de musique. Dans la deuxième serre (musique baroque) les plantes poussent plus rapidement et l'on n'observe aucune différence dans la troisième (jazz). Par contre, dans la quatrième, et c'est là le but de l'expérience, la croissance des plantes se ralentit jusqu'à leur mort. C'est la raison pour laquelle il est facile de comprendre pourquoi les habitués des discothèques tombent malades. De plus, la plupart des adolescents ont leur propre chaîne Hi-Fi ou leur walk-man et écoutent leur musique avec fanatisme ; ils peuvent ainsi contracter des troubles de l'ouïe, de la santé mentale et physique.

La danse en elle-même peut être saine, mais elle devient destructive par l'écoute d'une musique «disco» propagée le plus souvent beaucoup trop fort. C'est ainsi qu'une situation dite de «distress» se crée fréquemment.

6e. En plus d'une situation de «surstimulation» par le bruit, nos sens sont aussi «surstimulés» par la nourriture. Généralement, nous mangeons beaucoup trop, et la qualité de ce que l'on «ingurgite» est médiocre. Les aliments sont pleins de colorants, de goûts artificiels, de stabilisateurs, etc. Ces produits chimiques, aux heures des repas, trois fois par jour, nous induisent une réaction de stress. Tôt ou tard, il en résultera une maladie et les symptômes de celle-ci pourront être directement en relation avec la qualité de la nourriture que nous ingérons.

Si vous consultez un médecin, il va vous prescrire, dans la majorité des cas, un ou plusieurs médicaments qui, au lieu de vous soulager, vont augmenter encore votre pollution intérieure, à savoir le mal dont vous souffrez. Or, la première chose que chaque médecin devrait vous recommander, avant toute drogue, serait de faire une diète. Malheureusement, les disciples d'Esculape semblent avoir oublié les bienfaits d'une alimentation équilibrée et de bonne qualité ; à vrai dire, la plupart semblent les ignorer complètement.

- Dites-moi ce que vous mangez et je vous dirai qui vous êtes.

Comment serait-il possible de jouir d'une bonne santé avec la qualité des produits alimentaires que, jour après jour, nous avalons avec un tranquille automatisme ? Pour moi, cela relève d'une impossibilité criante !

Notre corps pourrait être comparé au moteur d'une voiture, avec la seule différence qu'il est beaucoup plus complexe. Mais poursuivons cette comparaison, si nous remplissons le réservoir d'une voiture avec un carburant médiocre et que nous utilisons une huile de mauvaise qualité, le véhicule va fatalement se trouver en panne. Notre corps, en cela, n'est pas tellement différent. A qualité médiocre, rendement médiocre !

Sans compter les reins, le foie qui devront éliminer toutes les toxines accumulées et, pour cela, faire des heures supplémentaires ! Toute substance artificielle ingérée provoque un «stress» qui souvent conduit au «distress».

Méditez sur l'importance de votre alimentation journalière, mangez moins et le plus naturel possible. Si cette démarche est très importante pour vous, elle l'est encore davantage pour vos enfants. Avez-vous déjà réalisé combien ces limonades, ces sucreries, etc., consommées à «tire-la-rigo» par vos «rejetons», sont préjudiciables à leur santé ? Sans compter les produits chimiques contenus dans toutes les autres sortes de nourriture. Donc, éduquez-vous et éduquez vos enfants à manger et apprécier une bonne alimentation.

6f. Que vous soyez cadre, administrateur ou directeur, vous êtes constamment appelé à prendre ce qu'on pourrait nommer - des décisions non programmées -. Ces situations engendrent des stress similaires à ceux que pourrait ressentir un médecin affecté aux urgences, confronté souvent à des situations qui peuvent coûter la vie de ses patients. Les uns comme les autres subissent des périodes de stress très aiguës qui, répétées souvent et régulièrement, peuvent les conduire à des situations de «distress» et, conséquence directe, les mener à la maladie. Cette sorte de tension vécue le plus fréquemment par des P.D.G., des médecins, etc., peut avoir l'infarctus, l'attaque, l'hémorragie cérébrale, la maladie fonctionnelle ou névrose profonde pour conséquence. Pour pallier à ces situations qui peuvent très vite devenir dramatiques, il faut apprendre à relaxer ces inévitables tensions qui accompagnent les grandes décisions. Plus les responsables seront relaxés, plus il leur sera facile de trouver des solutions, et ceci avec une moindre marge d'erreur.

Ceci est valable pour chacun : plus vous serez physiquement relaxé face à une décision à prendre et plus vous serez à même de contrôler votre stress et d'en user créativement. Par conséquent, vous serez capable de prendre une bonne initiative au moment opportun.

Mais, si vous laissez le stress devenir trop fort, vous allez être l'objet de tensions psychologiques et dans l'incapacité de prendre la bonne décision, vous allez «gaffer», user votre énergie en vain et, le plus souvent devenir inefficace.

Faites-moi le plaisir de vous relaxer maintenant, ici même, à la place où vous vous trouvez actuellement !

- *Détendez votre visage et vos épaules et respirez profondément et lentement par l'abdomen.*

Immédiatement, vous vous apercevrez que vos idées s'éclaircissent et la tension disparaît.

En faisant cela plus souvent, vous allez être capable d'affronter les problèmes avec succès et vous serez à même de les résoudre avec beaucoup d'aisance.

6g. Aux agents de surstimulation dont il a déjà été fait mention, il conviendrait d'en ajouter un : l'Information.

De nos jours, nous sommes submergés par moult informations sur tout ce qui se passe à travers le monde. Les mass média, la presse, la radio et la télévision nous gavent quotidiennement de nouvelles négatives, destructrices. Il y a un siècle, personne ne se souçiait de ce qui pouvait se passer en Pologne, en Afrique du Sud ou ailleurs. Aujourd'hui, chacun se sent solidaire et concerné par tout événement qui se produit à l'autre bout de la planète. A moins d'être un homme politique très important, nous n'avons aucune influence, néanmoins les informations emmagasinées jour après jour vont occasionner un stress important, c'est-à-dire une réaction chimique au niveau physique. Je pense que nous pouvons parfaitement vivre sans «souffrir» tous ces événements destructifs. Dès le matin, en lisant votre journal, vous êtes plongé dans un flux d'informations négatives : événements politiques, accidents, catastrophes, morts, etc. Et déjà vous commencez votre journée imbibé de négativisme !

Étiez-vous au courant du fait qu'un être venant au monde de nos jours a toutes les chances de passer quinze années de sa vie devant la télévision ?

La télévision peut être très nuisible, et de diverses manières. D'abord, la plupart des moutons que nous sommes ne savent pas choisir leurs programmes, ils sont conditionnés à regarder leur T.V. dès qu'ils regagnent leur foyer. Ce faisant, ils abîment leur vue et absorbent des rayons X s'ils se tiennent trop près de leur appareil ; de plus, ils digèrent une montagne d'informations négatives par les nouvelles ou d'autres programmes. Généralement, ils mangent en regardant les émissions, et toute discussion est alors bannie de la table familiale. Ils deviennent de fidèles esclaves du petit écran et sont conditionnés, depuis l'enfance, par l'envahissante publicité qui est le meilleur moyen de créer des moutons humains et de promouvoir la délinquance. Aux État-Unis, un enfant qui passe 777 heures à l'école en passera 999 devant son poste de télévision, selon les statistiques ! . . .

6h. Si l'on injecte du formol ou du placenta, des hormones ou une drogue quelconque à un rat, sa réaction sera une réponse de stress. Le premier organe à être touché sera l'organe sexuel, il va cesser de fonctionner normalement. Ensuite, on observera une atrophie du système lymphatique et un ulcère de l'estomac. En termes médicaux, on parlera de réaction non spécifique aux agents stressants. Un rat n'est pas un être humain, cependant ses réactions sont très semblables aux nôtres. Cette similitude ne devrait pas nous étonner ; en effet, si l'on jette un coup d'œil sur notre société occidentale, nous observons que la plupart des gens ont des problèmes sexuels et que d'autres souffrent d'ulcères à l'estomac.

Notre sexualité perturbée a certainement une relation avec notre genre de médications et notre nourriture artificielle. Les recherches les plus importantes, dans ce domaine, ont été effectuées par le Dr. Seyle au Canada, et le Professeur Laborit en France.

Le résultat d'une trop forte tension ou, si vous préférez, d'une trop grande contrainte peut créer un «distress» accompagné de différents symptômes, lesquels sont appelés maladies fonctionnelles. Celles-ci représentent environ 90% de toutes les maladies de notre civilisation. Les drogues n'exercent qu'un effet très passager et superficiel, cependant la plupart des médecins s'obstinent à traiter leurs patients de cette manière uniquement. Ils ont évidemment tort, car ils ne font qu'ajouter des poisons chimiques qui, à leur tour, vont créer une réaction non spécifique ; cette action subsidiaire provoquée par le médicament peut se révéler pire que l'effet thérapeutique recherché. Si l'on ingère régulièrement des médicaments, nous parvenons à créer des symptômes, parmi lesquels on pourrait citer les désordres sexuels tels que l'impuissance, l'éjaculation précoce, la frigidité ou des règles irrégulières.

N'oubliez pas que, quel que soit le médicament que vous prenez, vous risquez des séquelles qui peuvent avoir de néfastes conséquences. Mais attention, les médicaments peuvent aussi vous sauver la vie, il faut donc trouver le juste milieu.

6.i. L'opposé du distress est l'eustress. Une certaine tension (stress) est normale. Le «distress» est l'aboutissement de trop grandes tensions ou d'un stress trop important. La détente favorise les situations positives, la joie et le bonheur : L'eustress.

Rire aussi crée un eustress, et nous devons constater que dans notre société, nous avons perdu l'habitude de rire. La plupart des gens sont tristes et anxieux. L'eustress est la meilleure prévention contre les perturbations fonctionnelles. Donc, plus vous riez, plus vous vous maintenez en bonne santé. Un livre qui a eu beaucoup de succès «Anatomy of an illness», écrit par Norman Cousins, prouve qu'il est possible de soigner certaines maladies par le rire.

A partir de cette observation, nous avons créé, en Sophrologie, une nouvelle technique nommée «hilarothérapie», ou si vous préférez, la thérapie par le rire. Il s'agit d'une thérapeutique de groupe où les rires joyeux vont jusqu'aux larmes et créent une très large détente.

En riant, la chimie du sang est changée en une direction opposée au stress. Donc, essayez de rire le plus souvent possible. . . C'est bon pour la santé.

Nous disons habituellement que pour sourire, nous avons besoin de trois muscles seulement. Pour faire la grimace ou avoir l'air renfrogné, nous en utilisons beaucoup plus, c'est bien plus fatigant ! De toutes façons, le plus important est le sourire intérieur de tous les instants. Votre humeur a une très grande influence sur votre santé. Si vous êtes heureux, votre résistance à la maladie sera plus élevée.

Il est pourtant difficile d'être heureux et de sourire tout le temps, savez-vous pourquoi ? Parce que la plupart des gens essaient de trouver le bonheur en dehors d'eux-mêmes, à travers leurs relations et à travers leurs sens. C'est complètement absurde, la joie existe en vous-même, en dépit de toute situation extérieure. Si vous êtes capable de trouver cet équilibre intérieur, la base du bonheur étant uniquement en vous, votre conduite vis-à-vis des autres et de vos problèmes sera changée. Dans la plupart des cas, vous êtes la seule cause de votre malheur et de vos ennuis. Changez d'abord et tout le reste sera différent.

6.j. Je voudrais vous enseigner 10 règles utiles pour diminuer votre stress, voire prévenir un éventuel distress :

1) Considérez vos problèmes tels qu'ils sont, non tels que vous les voyez.
2) Vivez ce moment présent, là où vous vous trouvez présentement, ici et maintenant.
3) Pénétrez-vous du fait que le passé est vraiment passé, et nous ne pouvons rien changer.
4) Votre bonheur dépend de l'amour : amour pour vous-même, amour pour les autres.
5) Imaginez toujours votre avenir de manière positive.
6) Faites bien attention à ce que vous mangez, essayez d'améliorer la qualité de votre nourriture.
7) Ne prenez jamais de médicaments sans ordonnance.
8) N'essayez pas de vivre au-dessus de vos possibilités et adaptez vos désirs aux réalités de la vie.
9) Riez aux éclats ! Le plus sera le mieux.
10) Soyez toujours détendu ; votre détente physique permet une détente morale qui, elle aussi sera permanente.

Et souvenez-vous que vous êtes plus apte à affronter vos problèmes en état de relaxation, vous vous épargnez ainsi un surcroît de stress. Ces 10 règles d'or devraient vous éviter le «distress».

Cependant, il y a encore une chose capitale à comprendre : Vous-même ! Mieux vous vous connaîtrez, mieux vous serez à même de comprendre les autres. Nous vivons dans un monde environné de projections psychologiques. Par exemple, lorsque vous affirmez que votre voisin n'est qu'un incorrigible crétin, vous critiquez en lui ce que, en réalité, vous abhorrez en vous-même. Critiquer autrui n'est rien d'autre qu'une autocritique de ce qui déplaît le plus en soi-même.

Vous connaître changera complètement votre attitude mentale face à la vie et, au lieu de critiquer vos voisins, vous allez les comprendre, ce qui est tout de même infiniment plus agréable pour tout le monde. La Sophrologie enseigne différentes manières de se connaître et partant, de mieux connaître les autres. N'oubliez jamais que la critique d'autrui est facile, beaucoup plus facile que de faire l'effort de se comprendre soi-même, de se faire face.

6.**k**. Pour éviter de vous trouver en situation de stress par trop aigu, habituez-vous à réagir par une «relaxation response» à toute agression. Vous serez ainsi en position de force pour affronter vos problèmes, quels qu'ils soient.

- *Relâcher les muscles de votre visage, vos épaules et votre thorax. Détendez également vos bras et respirez lentement et profondément avec le ventre.*

Essayez cet exercice chaque fois que vous serez agressé et vous serez surpris de constater à quel point vos incertitudes, vos frustrations s'évanouissent.

Les étudiants auront avantage à utiliser cette technique de «réponse-relaxation» lors de leurs examens ou simplement entre les cours. Leur attention s'en trouvera mieux aiguisée, leur mémoire fortifiée et la somnolence disparaîtra elle aussi.

Les cadres et autres directeurs, hommes et femmes stressés par définition, trouveront de nouvelles perspectives à la complexité de leurs problèmes en effectuant très souvent cette détente immédiate.

Pour les femmes au foyer aussi, pratiquer ce simple exercice renouvellera leur énergie et toute la famille s'en félicitera.

Une utilisation régulière de la relaxation du corps, comme réponse à toute tension, permet une efficacité nouvelle dans les activités quotidiennes et une solution plus aisée à tous les problèmes, qu'il s'agisse de grandes décisions ou de petits détails journaliers. La solution devient beaucoup plus rapidement évidente.

En résumé, pour lutter contre toutes les agressions et contrôler le stress, il suffit de :

- *Se relaxer, en inspirant profondément et, lors de l'expiration, détendre le visage, laisser tomber les épaules et relâcher tous les muscles de son corps. Ensuite, respirer normalement par l'abdomen, lentement, profondément.*

Progressivement, la répétition de cette respiration deviendra un réflexe dans chaque situation de crispation et de tensions.

Cette réponse au stress par la relaxation, exécutée fréquemment, jour après jour, est une façon de mieux se connaître et de faire face à toutes les agressions.

A chaque contrariété, au lieu de se crisper et de contracter ainsi tous les muscles, il est beaucoup plus facile de se détendre en faisant une respiration profonde afin d'être relaxé pour trouver une réponse positive et efficace.

La meilleure façon de contrôler le stress est encore d'accepter les choses telles qu'elles sont : d'abord soi-même, puis l'entourage familial, les collègues de travail et le reste du monde. L'harmonie d'un corps relaxé est la meilleure prévention pour sauvegarder sa santé durant toute la vie.

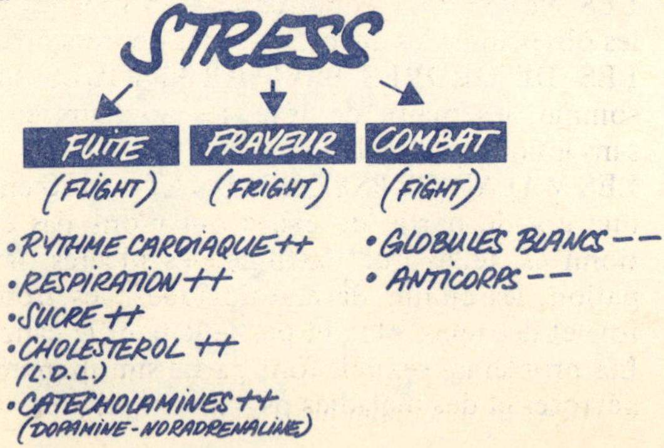

VII LES MALADIES FONCTIONNELLES

7a. En thérapie, la Sophrologie peut être très efficace dans le traitement des maladies fonctionnelles qui sont directement liées à nos stress successifs, c'est-à-dire à toutes sortes d'agressions, qu'elles soient d'ordre psychologique, physique ou même chimique.

Les maladies fonctionnelles se divisent en trois groupes : les névroses - les désordres psychogéniques - les maladies psychosomatiques.

1) LES NÉVROSES comprennent en gros les phobies, les obsessions, les angoisses et les dépressions.
2) LES DÉSORDRES PSYCHOGÉNIQUES sont l'insomnie, les maux de tête, les douleurs en général sans lésions organiques.
3) LES MALADIES PSYCHOSOMATIQUES englobent une grande partie de celles qui n'ont pas été mentionnées, telles que l'asthme, les ulcères, la constipation, les ennuis dermatologiques, les troubles du foie et des reins, etc., et partiellement le cancer.
   Les problèmes sexuels font partie simultanément des névroses et des maladies psychosomatiques.

Dans notre civilisation, on peut affirmer que près de 90% des maladies sont fonctionnelles.

Si vous souffrez d'un dérangement de ce genre, il est important de comprendre qu'aucune drogue n'est susceptible de vous guérir. Les médicaments peuvent vous soulager, éliminer un symptôme, mais aussi efficaces soient-ils, ils ne vous apporteront pas une guérison définitive.

Pour tous les désordres fonctionnels, la meilleure médecine c'est vous-même. Inconsciemment, vous pouvez vous en débarrasser. Une vie saine dans un corps sain, de la naissance à la mort, être responsable de sa joie de vivre et utiliser ses facultés personnelles pour rester en bonne santé, tel est le véritable but de la Sophrologie.

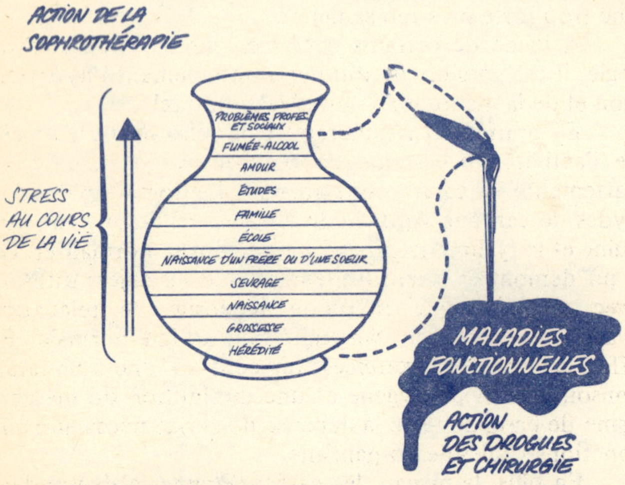

7.b. Trop souvent, l'équilibre est rompu et le stress non contrôlé devient trop aigu. Les résultats ne tardent pas à se faire sentir : tabagisme, obésité, taux de cholestérol élevé, paresse rénale, tumeurs des glandes surrénales, dysfonction de la glande thyroïde, etc.; tous ces désordres créent une augmentation de la pression sanguine, et par conséquent une hypertension. Dans la majorité des cas, on peut affirmer, sans risque de se tromper, qu'il existe une relation directe entre le stress et l'hypertension.

L'hypertension est très répandue sur notre planète et elle provient en premier lieu de notre mode de vie. Aux États-Unis, par exemple, on dénombre approximativement entre 24 et 40 millions d'Américains souffrant d'hypertension. Les Noirs ne sont pas épargnés, au contraire, ils en sont plus souvent victimes que les Blancs. Le degré élevé de la pression sanguine, dans la race noire, n'est pas seulement génétique, mais elle est aussi en relation directe avec le niveau de vie. Le stress existe indépendamment de la couleur de la peau si le standard de vie est identique et, dans bien des cas, il provoque rapidement une trop forte pression sanguine.

A l'aide de certains exercices enseignés en Sophrologie, il est possible de diminuer notablement l'hypertension et de la maintenir à son niveau normal.

En pratiquant régulièrement la relaxation, le niveau de l'activité du système sympathique va se ralentir, les battements du cœur vont s'abaisser, l'élimination des dioxydes de carbone vont diminuer et, ainsi, la pression sanguine et le rythme respiratoire pourront se normaliser. On a pu démontrer scientifiquement que les sujets utilisant avec assiduité une méthode médicale de relaxation avaient une pression sanguine tout à fait normale. En effet, pendant les exercices, on constate une plus faible consommation d'oxygène et une diminution du métabolisme de base, donc de la dépense d'énergie nécessaire aux fonctions vitales de l'organisme.

En plus, le niveau des catécholamines s'abaisse dans le sang, ce qui libère les sensations de l'anxiété.

La pression sanguine chute rapidement dans les premières minutes de la relaxation et le stress est ainsi anihilé. Pour vivre dans le monde trépidant d'aujourd'hui, il est primordial d'être calme, en dépit de tous les problèmes. La Sophrologie permet de trouver cette sérénité.

7c. Dans les maladies fonctionnelles, l'une des plus répandues est certainement la céphalée ou la migraine.

Si vous souffrez de maux de tête, vous devez être très prudent quant aux traitements que vous choisissez. En tout premier lieu, il faut vous assurer que ce mal ne provient pas de dysfonctions physiques, et un encéphalogramme chez un neurologue pourra vous rassurer sur ce point. Voyez aussi votre dentiste, des maux de tête étant souvent en relation avec un déséquilibre de l'occlusion dentaire. Si les résultats sont négatifs, vous aurez la certitude que vos céphalées résultent d'une maladie fonctionnelle dont vous êtes seul la cause. Avaler des pilules soulage temporairement, mais ne guérit pas définitivement. En prenant de l'aspirine, par exemple, le mal de tête diminue, c'est évident, mais parallèlement, les composants de l'aspirine provoquent des petites hémorragies dans l'estomac et l'intestin grêle. Devenez conscient que la meilleure médication pour guérir ce genre de maux, c'est vous-même. La cause est certainement en vous et, en trouvant la cause, vous soignez le mal.

Si vous prenez la peine d'apprendre et d'appliquer les différentes techniques de la Sophrologie, il y a de bonnes chances pour que vous puissiez vous débarrasser de ces douleurs cérébrales une fois pour toutes. Il vous sera possible de régulariser la circulation sanguine dans le cerveau, ce qui libérera votre esprit pour réagir sainement à tous vos problèmes. Dans la plupart des cas, il existe une relation directe entre le stress et les maux de tête. Alors, essayez d'abord de trouver la cause de votre douleur.

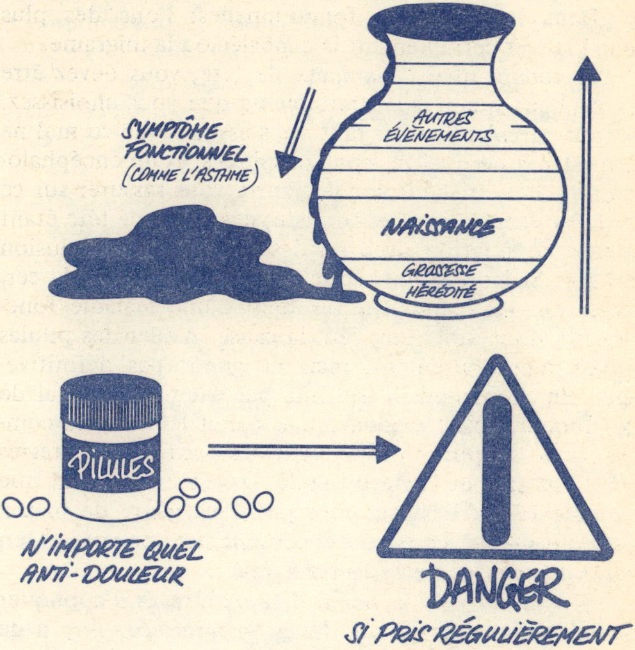

Lorsque vous avez mal à la tête, vous pouvez faire l'exercice suivant :

- Étendez-vous confortablement, fermez les yeux et détendez-vous complètement, d'abord le visage, le menton, la nuque... Relâchez les muscles de vos épaules, des bras, puis du dos, du thorax, de l'abdomen, et enfin les jambes et les pieds... Tout votre corps est relaxé...

Imaginez que vous êtes étendu quelque part, dans un paysage qui vous est familier et que vous aimez... Au-dessus de vous, vous voyez un ciel menaçant complètement envahi par des gros nuages noirs ; ces nuages sont une représentation symbolique de votre mal de tête. Mais une légère brise se lève et, lente-

ment, ce vent chasse les nuages. . . Vous commencez à entrevoir à nouveau le ciel qui devient de plus en plus bleu. . . Petit à petit, les nuages disparaissent. . . Attendez simplement qu'il n'y ait plus aucun nuage et que votre ciel soit devenu entièrement bleu. . . Pendant ce temps, le sang va circuler plus aisément dans votre tête et les vaisseaux sanguins se libèrent. . .

Vous pouvez alors bouger doucement vos doigts de pieds, vos mains, et actionner lentement les muscles de votre visage (en faisant des grimaces). . . Respirez profondément, étirez complètement tous les membres, et vous pourrez ouvrir les yeux avec un large sourire.

En faisant cet exercice de relaxation, vous avez régularisé la circulation sanguine dans votre cerveau.

7d. Pour vous débarrasser de vos céphalées, il est possible aussi d'utiliser une autre méthode provenant de la Relaxation Dynamique II.

- Confortablement assis, les yeux fermés, détendez les muscles du visage, de la nuque. . . Laissez tomber les épaules et prenez conscience que votre corps est en position assise. . . Détendez ensuite le thorax, l'abdomen et les jambes. . . Laissez votre corps devenir lourd. . . Les mains reposent sans effort sur les cuisses. . .

Lorsque vous êtes bien relaxé, inspirez profondément, abdomen - thorax - épaules, et gardez l'air dans vos poumons. En rétention, bougez votre tête vers l'arrière, vous sentez une tension dans la nuque. . . Dès que vous êtes fatigué, expirez lentement en remettant doucement votre tête dans sa position de départ. . . Faites ce mouvement à fond,

trois fois la tête en arrière et

trois fois la tête en avant, la nuque bien étirée et le menton touchant le thorax.

L'exercice terminé, remuez les orteils, les mains, étirez votre corps complètement, respirez profondément, et enfin, ouvrez les yeux.

Les mouvements de cet exercice sont les suivants :

a) inspiration complète (ventre-thorax-épaules) ;
b) rétention (garder l'air dans les poumons) ;
c) inclinaison de la tête avec tension de la nuque, et
d) expiration en remettant la tête droite - LENTEMENT.

Répéter 3 fois en inclinant le tête en arrière et 3 fois la tête en avant.

Cette méthode de relaxation est très efficace pour lutter contre les maux de tête. En remplissant les poumons d'air, votre taux d'oxygène augmente et, si au même moment vous faites un mouvement avec la tête en arrière, ou en avant, vous créez une tension sur la carotide qui va automatiquement permettre au sang d'affluer dans votre cerveau.

Vous n'êtes pas sans ignorer que votre cerveau est un grand consommateur d'oxygène. S'il n'en reçoit pas assez, il va protester à sa manière et vous infliger cet inévitable mal de tête. C'est en quelque sorte la lampe rouge qui vous indique qu'il faut refaire le plein d'oxygène. Ainsi vous pouvez comprendre combien un tel exercice peut être capable de stopper ce symptôme désagréable et souvent très douloureux. En le pratiquant régulièrement, vous pouvez prévenir les céphalées et empêcher un mal de tête de s'installer. En même temps, vous réveillez vos facultés endormies et vous pouvez mieux utiliser votre cerveau. L'oxygène est le meilleur carburant pour un bon fonctionnement des deux hémisphères du cerveau.

7e. Une personne souffrant d'un ulcère à l'estomac, par exemple, doit essayer de trouver elle-même la raison de sa maladie. Étant donné qu'un ulcère a toujours une origine psychologique, on peut dire qu'il provient directement de situations vécues en état de stress important. La motivation émotionnelle de cette maladie n'est plus à démontrer. Les drogues, l'alcool, la fumée peuvent encore en accélérer l'évolution. Certains ulcères nécessitent une intervention chirurgicale tandis que d'autres peuvent très bien être soignés par des médicaments modernes et efficaces. Cette thérapie, chirurgicale ou médicale, n'est cependant jamais tout à fait complète pour la bonne raison qu'elle supprime le symptôme, mais en aucun cas elle ne peut agir sur la cause profonde. La cause se situe au niveau de la «croix» ou au niveau du «cercle» et correspond à un déséquilibre psychique. C'est la raison pour laquelle une thérapie causale doit être conseillée en plus des traitements traditionnels.

La Sophrologie, si l'ulcère n'est pas trop important, peut arrêter son évolution et le guérir, tout en évitant de créer un autre symptôme qui remplacerait cet ulcère. En d'autres termes, la chirurgie et les médicaments sont capables de le soigner et la Sophrologie peut le guérir définitivement.

Si vous avez un ulcère, réfléchissez et essayez de trouver quels sont vos problèmes passés ou récents qui pourraient être, d'une manière ou d'une autre, en relation avec votre ulcère. Il est très important aussi d'apprendre à vous relaxer, dans toutes les situations, pour faire face calmement à tous vos problèmes journaliers. En plus, vous devez essayer d'accomplir une évolution personnelle en modifiant vos habitudes et votre mode de vie. Il est en votre pouvoir de limiter les agents stressants, sans oublier la fumée et l'alcool qui sont d'importants facteurs de stress.

Pour augmenter votre défense au niveau même de votre ulcère, vous pouvez pratiquer l'exercice suivant.

- En position couchée, relaxez-vous selon la méthode habituelle... Concentrez-vous sur la respiration, elle doit être lente et profonde (respiration abdominale)...

Tentez d'imaginer votre estomac et son ulcère, regardez-le en pleine conscience... Puis essayez d'imaginer votre abdomen se réchauffant, spécialement l'estomac, un peu comme si un petit soleil se posait au creux de votre estomac... La chaleur augmentant, le sang se concentre dans la région de votre ulcère, les globules blancs s'y accumulent et en accélèrent la cicatrisation... Visualisez les muqueuses de votre estomac qui deviennent plus saines...

Lorsque les parois de votre abdomen seront bien réchauffées, vous pourrez ressortir de votre relaxation, très lentement, comme d'habitude... N'oubliez pas de vous étirez aussi largement que possible, de respirer profondément avant d'ouvrir les yeux.

En répétant chaque jour cet exercice pendant dix minutes environ, vous pouvez accélérer les effets de la thérapie que vous suivez.

7f. Les maladies de la peau comme l'eczéma, le psoriasis ou n'importe quelle allergie ont également une relation directe entre la manifestation et les émotions. Il ne faut pas oublier que l'ectoderme forme le revêtement cutané, mais aussi celui du système nerveux central et des nerfs périphériques. La peau et le cerveau parlent le même langage en quelque sorte, et la relation entre l'émotion et une maladie épidermique ne fait aucun doute. Il est donc essentiel de trouver la signification du symptôme. Pourquoi, comment, à la suite de quel événement cette maladie est-elle survenue ? Il faut essayer de découvrir le lien qui peut exister entre cette allergie et une situation de stress vécue dans le passé.

- A quelle époque exactement le symptôme s'est-il manifesté ?
- Avez-vous ressenti, juste avant, une très forte émotion, un dépit amoureux, le décès d'un être cher ?

- Ou avez-vous dû changer votre activité professionnelle ?

En répondant à ces questions, vous trouverez le lien qui existe entre des émotions stressantes vécues dans le passé et la maladie d'aujourd'hui, et vous pourrez en grande partie la soigner vous-même.

En réfléchissant bien, en prenant votre temps, vous pourrez certainement découvrir la cause profonde de votre symptôme et le supprimer. Vous pourrez pratiquer de la même manière pour n'importe quelle maladie fonctionnelle.

- Les yeux fermés, en position assise ou couchée, relaxez-vous profondément, comme au début de chaque exercice... De la tête aux pieds, sans oublier le cerveau... Puis essayez de percevoir, sur votre écran mental, une couleur, n'importe quelle couleur...En la regardant, pensez à votre maladie, visualisez les endroits où votre peau est affectée, vous voulez comprendre, trouver la situation émotionnelle qui pourrait en être la cause... Automatiquement, une image va apparaître sur votre écran mental, probablement il existe un rapport entre ce que vous voyez et votre trouble.

Méditez sur l'image qui apparaît voyez ce qui pourrait être positif ; en effet, dans tout vécu traumatisant, il y a quelque chose de positif, focalisez-vous sur cela, ne forcez pas l'image, elle doit apparaître spontanément.

Lorsque vous l'avez bien imaginée, ou si elle n'est pas apparue, cela n'a pas d'importance, bougez lentement vos orteils, vos mains, étirez tout votre corps, respirez bien à fond, et ouvrez les yeux.

Si vous ne percevez aucune image la première fois que vous faites cet exercice, ne vous découragez pas et n'insistez pas, sortez simplement de votre état sophronique et recommencez chaque jour. Avec de l'entraînement, cela viendra tout seul et vous finirez bien par percevoir une image, un événement. Cette méthode est valable pour n'importe quel trouble fonctionnel, elle pourrait s'appeler «thérapie causale personnelle».

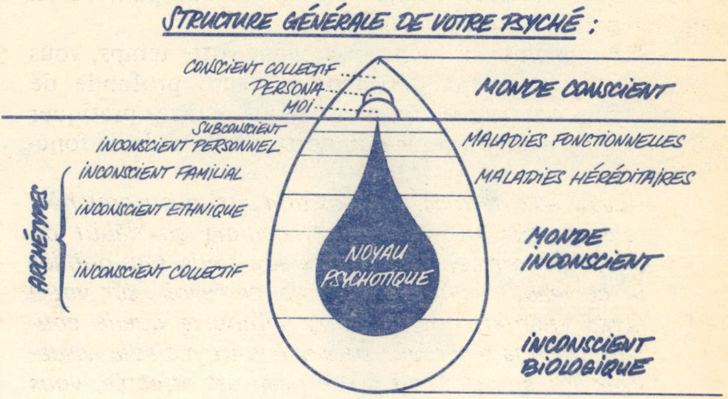

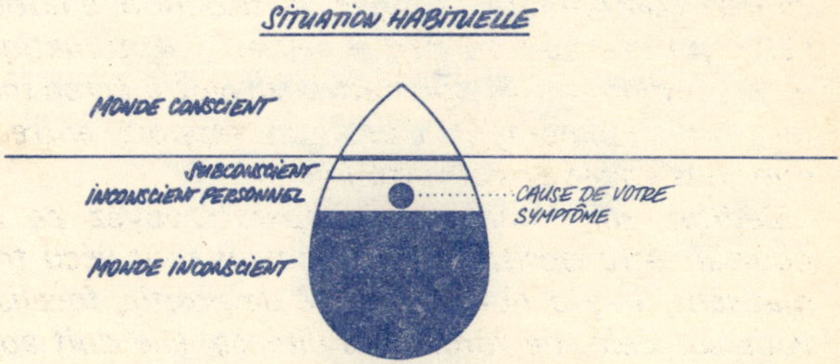

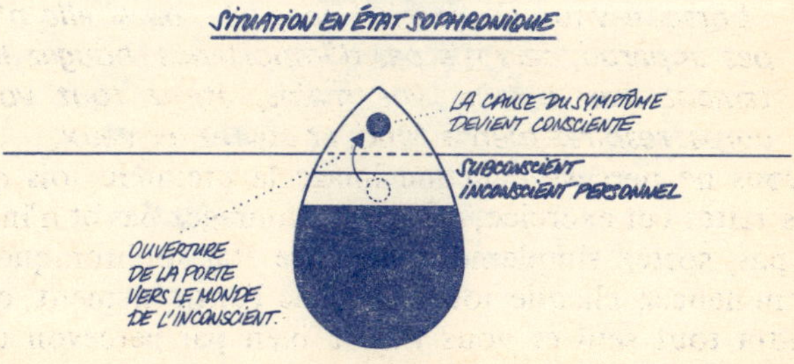

VIII LE CANCER

8a. Actuellement, le cancer peut être guéri dans bien des cas. L'attitude mentale, face à cette agression, se révèle d'une importance capitale. Les personnes souffrant d'un cancer doivent essayer d'y faire face positivement au lieu de n'en voir que le côté négatif. Le fait d'adopter une attitude réaliste peut avoir un impact décisif sur la maladie et en renforcer la thérapie.

Il est clairement établi maintenant que nous avons tous des cellules cancéreuses dans le corps. Ce sont les globules blancs de notre sang qui sont capables de les détruire. Par des exercices appropriés, nous pouvons augmenter la fabrication de nos globules blancs pour nous protéger ou combattre les cellules indésirables. Par contre, si nous sommes constamment en état de stress extrême, nous diminuons notablement l'efficacité ainsi que la quantité de ces précieux globules blancs. Donc, il est très important d'apprendre à contrôler les situations stressantes, de manière saine et détendue, afin de rester en bonne santé. Dans ce même contexte, il est vivement conseillé d'adopter un régime alimentaire bien équilibré. Si vous avez un cancer, il est parfaitement possible, en plus du traitement médical prescrit, d'essayer de le juguler mentalement. En voici une façon proposée par la Sophrologie.

- Asseyez-vous dans une position confortable et relaxez-vous aussi profondément que possible. . . Concentrez votre pensée sur votre cancer, essayez d'imaginer à quoi il ressemble. . . et de visualiser vos globules blancs qui l'entourent, comme des tigres affamés qui se jetteraient sur vos cellules cancéreuses. . Gardez présente à l'esprit cette image en vous relaxant toujours profondément. . . Lorsque cette évocation s'estompe, vous pouvez bouger lentement tout votre corps, respirer à fond et ouvrir les yeux.

Ce simple exercice peut, bien souvent, freiner voire arrêter l'évolution d'un cancer.

Cette technique de visualisation utilisée de plus en plus fréquemment dans les cas de cancer et accompagnée d'un régime alimentaire approprié se révèle très efficace ; elle est complémentaire à la chirurgie et autres traitements. Cette technique résumée ici a été mise au point par le Docteur Karl Simonton aux U.S.A.

8b. Beaucoup de personnes ont une peur panique du cancer et sont persuadées qu'elles vont en être victimes, elles y pensent tout le temps. Cette manière négative d'envisager que cela va arriver est très dangereuse et peut certainement contribuer à la formation d'une tumeur. Il faut absolument changer cette façon de penser, et pas uniquement à propos du cancer.

Essayez d'avoir à l'esprit, le plus souvent possible, cette pensée «Dis-moi ce que tu penses et je te dirai qui tu es», et entraînez-vous à penser positivement.

Notre imagination est très puissante, beaucoup plus que nous pourrions l'envisager. La volonté est le produit de l'hémisphère gauche, alors que l'imagination est le fruit de l'hémisphère droit. Si je vous demande, par exemple, de marcher sur une poutre de 50 cm de large et 12 m de long posée sur le sol, vous pourrez la parcourir aisément de bout en bout, sans aucune difficulté ; mais si cette même poutre est posée entre les deux tours d'une cathédrale, à une hauteur de 40 m, et que je vous demande la même chose, la démarche sera exactement identique, et pourtant... Votre imagination va tout de suite vous suggérer la chute, les blessures voire la mort. Cette suggestion sera si forte que, soit vous refuserez de vous aventurer sur cette poutre, soit vous déciderez d'y aller malgré tout et vous tomberez au milieu du chemin. Alors ne laissez pas votre imagination vous dicter n'importe quoi et dirigez-la dans un sens positif.

Concernant le cancer, nous sommes absolument certains, de nos jours, qu'il existe un lien direct entre celui-ci et le stress. Rappellons que le stress est la réponse corporelle aux tensions de toutes sortes. Ces tensions sont directement liées à nos problèmes, personnels ou extérieurs, aux bruits, aux agressions d'une nourriture trop raffinée, artificielle et bourrée d'adjonctions chimiques. Chaque fois que nous subissons un stress, la quantité de nos anticorps et de nos globules blancs diminue dans le sang, nous sommes moins bien protégés, nos défenses naturelles sont affaiblies, les cellules cancéreuses ne sont plus détruites et une tumeur peut commencer à n'importe quel endroit du corps.

Par ces constatations, nous pouvons mieux comprendre :

1) comment un cancer peut se déclencher,
2) de quelle manière notre façon de penser peut le stimuler ou le supprimer,
3) l'influence du stress dans l'évolution du cancer.

La Sophrologie se révèle très efficace pour diriger les pensées et contrôler tous les stress.

8c. Pour prévenir le cancer, il convient de vivre davantage détendu et de considérer nos problèmes pour ce qu'ils sont réellement et non pour ce que nous croyons qu'ils sont. Au lieu d'être tendus comme des arcs à la moindre contradiction, il est préférable de se relaxer spontanément avant d'affronter n'importe quelle situation.

Un des buts de la Sophrologie, et peut-être le plus important est d'apprendre à se relaxer naturellement, à tout moment, en fait, de réagir exactement à l'opposé des réactions auxquelles nous sommes habitués. Si quelqu'un ou quelque chose nous agresse, au lieu de contracter tous les muscles de notre corps dans une position défensive et de devenir trop agressif, il convient plutôt de se détendre immédiatement, avant que les tensions nous envahissent et nous empêchent d'agir positivement.

- *Relâchez les muscles du visage, laisser tomber les épaules, et respirer à fond par l'abdomen, c'est simple.*

Il s'agit de créer un réflexe conditionné face à toute situation négative. Cette façon de réagir permet de résoudre n'importe quel problème beaucoup plus facilement, et en même temps, de diminuer les effets des tensions dues à un stress important ; par conséquent, de prévenir le cancer. L'habitude d'une détente immédiate et naturelle permet d'affronter tous les moments de la vie joyeusement.

Une des préventions du cancer est de vivre très près de la nature et la première chose à modifier radicalement est la nourriture. Choisir des aliments naturels est indispensable. Pour cela, il faut éliminer le plus possible les conserves, les mets préparés et emballés sous vide, etc., et qui représentent la plus grande partie de notre nourriture quotidienne. Évidemment, la pollution est si envahissante de nos jours qu'il devient de plus en plus difficile de s'approvisionner en aliments naturels. Il est cependant possible de se défaire de vieilles habitudes et de mieux choisir sa nourriture. Et non seulement la qualité des aliments devrait être mieux sélectionnée, mais la manière de la manger est à changer. Dans notre civilisation moderne, la plupart des gens avalent à la hâte, sans prendre la peine de les mâcher, des aliments dont ils n'apprécient plus le goût. Certains ont pris l'habitude de regarder la télévision en mangeant, d'autres bavardent sans arrêt pendant leur repas, et tous seraient bien incapables de dire ce qu'ils viennent de manger. Ces façons aberrantes de se nourrir peuvent créer des situations de stress importantes et contribuent certainement à l'apparition du cancer. Normalement, pendant toute la durée du repas, nous devrions savourer les mets dans le silence afin d'être détendus et paisibles, facilitant ainsi une digestion aisée.

8d. D'autres facteurs doivent être pris en considération et, parmi eux, l'influence de la fumée sur l'apparition du cancer ne peut être oubliée. En se consumant, le papier de la cigarette se transforme en goudron. Ce goudron recouvre les parois de la bouche et, petit à petit, les muqueuses des bronches. Non seulement il constitue un obstacle aux échanges gazeux, mais il est aussi hautement cancérigène. Les cancers du poumons, des bronches,de la gorge et de la bouche sont très souvent le salaire de cette funeste habitude. Ces tumeurs deviennent malignes et le résultat final est en général la mort, car toute thérapeutique devient inefficace. En plus, la fumée crée une situation de stress et chaque cigarette diminue les anticorps et les globules blancs dans le sang, c'est-à-dire la défense naturelle contre les cellules cancéreuses. Fumer est incontestablement un suicide.

Un être intelligent est assez fort pour abandonner cette détestable servitude et les méthodes de la Sophrologie apportent une aide utile. (Voir le chapitre XXII consacré à la fumée).

Parmi les agents stressant pouvant provoquer un cancer, on trouve les médicaments eux-mêmes. Je dis souvent qu'il est beaucoup plus facile de prévenir le cancer que de le soigner. Certaines thérapies, dites médicales, sont dangereuses et peuvent stimuler le développement de cellules cancéreuses.

Le premier danger est de s'adonner systématiquement aux médicaments de toutes sortes, pour n'importe quelle petite douleur. On ne peut pas apprécier exactement l'effet pernicieux d'un médicament pris journellement, à la longue, sur le corps humain ; ce dont on est sûr, c'est qu'une réaction de stress se crée immanquablement. La situation est aggravée si, au lieu d'un seul, on ingurgite deux, trois, voire plus de remèdes ensembles chaque jour, et ceci est valable pour tous les médicaments. La pilule anticonceptionnelle, par exemple, peut se révéler très nocive. Elle engendre, de manière certaine, toutes sortes de troubles circulatoires telles des phlébites ou des thromboses ; on peut même soupçonner sa responsabilité dans certains cancers de l'utérus. Les rayons X sont également néfastes et cancérigènes et ne devraient être utilisés que lors d'une nécessité absolue. Malheureusement, la médecine en abuse trop souvent et les rayons X sont responsables de certains cancers survenant plusieurs années après une série de radiographies. Les mammographies qui devraient prévenir les cancers du sein, en réalité, peuvent les provoquer, n'est-ce pas paradoxal ?

8e. Après toutes ces considérations négatives, voici un exemple réel : Guy-Claude Bürger est mathématicien et un virtuose du violoncelle. Il demeure en Suisse ; un jour il apprend qu'il est atteint d'un adénosarcome de la gorge, une tumeur réputée pour sa virulence. On l'opére lors de ses 27 printemps et il est parfaitement conscient de la gravité de son cas ; il sait que, malgré la chirurgie, des métastases peuvent se répandre et créer un cancer généralisé. Il pense alors qu'il est vraiment triste de mourir si jeune et cherche à comprendre les raisons profondes de son cancer.

Il a la conviction qu'une relation directe existe entre son cancer et sa façon de se nourrir. En effet, il mange comme tout le monde, sans discernement, il avale n'importe quoi, n'importe comment, et décide finalement de changer complètement sa nourriture. D'abord, il s'attaque au phénomène cuisson, pensant avec raison que le fait de cuire les aliments change leur structure molléculaire. Il est aussi certain que la pollution contenue dans la nourriture n'est pas étrangère au cancer et décide de manger comme l'humanité le faisait avant l'ère du feu. Une alimentation naturelle, sans cuisson, exige donc des produits naturels, sans colorants, goûts artificiels, additions ou fertilisants d'aucune sorte ; la meilleure façon de les obtenir est de les cultiver soi-même. Il achète une ferme et contrôle strictement tout ce qu'il mange. Grâce à cette démarche son cancer non seulement ne progresse pas, mais guérit complètement. C'est une surprise de taille pour son thérapeute qui a de la peine à comprendre ce résultat incroyable. Cet homme est maintenant âgé de 45 ans, il jouit d'une merveilleuse santé et continue évidemment son régime naturel.

Bien des gens adoptent cette nourriture et peuvent s'approvisionner dans des centres écologiques qui produisent des aliments absolument naturels. Beaucoup de personnes cancéreuses ont été sauvées et guéries en mangeant uniquement de la nourriture crue, des fruits et légumes provenant de cultures biologiques, très peu de viande et uniquement celle d'animaux nourris eux-mêmes biologiquement, et buvant de l'eau pure. Ce régime s'appelle «l'Instinctothérapie». Cette façon de manger réveille un instinct complètement détruit par une nourriture civilisée qui n'a plus rien de naturel. L'instinct est à la base du repas ; sur une table bien garnie de mets biologiques dans leur forme originelle, on choisit un fruit ou un légume, on le sent, éventuellement on le goûte, et l'instinct indiquera si le corps en a besoin à ce moment-là. Lorsque l'envie est passée, on choisit un autre aliment, et ainsi de suite. Ainsi, on ne charge pas son corps d'aliments préjudiciables, mais au contraire, on peut lui donner exactement ce qui lui convient. C'est une véritable révolution parmi tous les régimes proposés, pour le traitement et la prévention des cancers, et bien sûr aussi pour une vie saine et équilibrée.

8f. Si vous voulez pratiquer l'instinctothérapie, il faut savoir qu'il est nécessaire de garder un équilibre entre les protéines, les hydrates de carbone et les graisses. Rien ne doit être apprêté et les aliments ne doivent pas être mélangés, ni subir une quelconque cuisson, tout est mangé cru. La viande est très avantageusement remplacée par des amandes, des noix, des noisettes, différentes graines, etc., qui sont extrêmement riches en protéines.

- Disposez sur votre table un beau choix de légumes, fruits et œufs absolument frais, du miel, diverses graines et céréales, éventuellement des poissons et viandes non traités et n'ayant pas subi de congélation.
- Prenez place, si possible en compagnie de votre famille et, paisiblement, appréciez cette nourriture que la nature dispense si généreusement ; estimez les couleurs de chaque aliment et percevez les différentes odeurs.
- Choisissez sans hâte, selon votre instinct, un produit qui vous fait envie, sentez-le et, s'il vous paraît agréable, mangez-le tranquillement jusqu'à ce que le goût change, devienne moins appétissant et vous indique que vous en avez assez.
- Essayez alors un autre aliment et mangez-le lentement, avec plaisir, et ainsi de suite jusqu'à satiété.

Chaque repas se déroule ainsi, dans le silence et cependant avec bonne humeur.

Au début, cela paraît assez difficile, car il faut oublier une quantité de mauvaises habitudes, consacrer beaucoup plus de temps pour se nourrir et ne plus rien acheter sans discernement. Il n'est plus question d'aller au restaurant et la vie sociale s'en trouvera limitée car il est difficile d'imposer cette façon de manger à tous les amis et connaissances. En plus, vous aurez peut-être quelques ennuis digestifs et il n'est pas rare que des diarrhées se manifestent au commencement, mais elles ne durent jamais longtemps. Si vous perdez un peu de poids, c'est que vous éliminez une quantité de graisses accumulées depuis longtemps dans votre organisme et surtout, vous vous sentirez rapidement beaucoup mieux et en meilleure forme physique.

Il est facile de comprendre que des cellules cancéreuses peuvent facilement disparaître à l'aide de ce régime et que la défense immunologique sera renforcée de jour en jour.

Les enfants sont également en mesure de manger de cette façon car leur instinct tout neuf leur indique très bien ce qui est bon pour la santé. Alors pourquoi ne pas essayer ce régime un certain temps et même l'adopter pour toujours.

En résumé, si vous avez un cancer, procédez de la manière suivante, après les traitements habituels :

1. Aprenez à prévenir les états stressants dans la détente, en pratiquant régulièrement les techniques de relaxation de la Sophrologie.
2. Utilisez la méthode de Simonton qui consiste à focaliser vos globules blancs sur votre cancer, en imaginant, pendant les relaxations, qu'ils sont comme des piranhas affamés ou des lions féroces qui se jettent sur votre cancer.
3. Changez votre alimentation journalière, adoptez l'instinctothérapie.
4. Avant de commencer cette nouvelle nutrition, préparez votre corps pendant quelques jours en buvant de l'eau uniquement.
5. Adoptez une attitude positive, refusez votre cancer et découvrez la motivation de vivre.

6. Ne vous laissez pas aller à la tristesse et écoutez souvent de la musique classique, celle que vous aimez.
7. Si vous regardez la télévision, soyez assis au moins à 2 m et demi de l'écran et choisissez des émissions non stressantes.
8. Enfin, prenez éventuellement chaque matin 2 grammes de vitamines C.

IX LES MÉDICAMENTS

9a. De nos jours, beaucoup de personnes consomment trop de médicaments, toutes sortes de drogues qui sont dangereuses pour la santé si elles sont prises sans ordonnance médicale.

Vous ne devriez jamais acheter et avaler une pilule ou un médicament quelconque sans auparavant vous adresser à votre médecin traitant. Cependant, si ce médecin vous prescrit trois remèdes ou plus ensemble, vous êtes en danger. Changez immédiatement de médecin avant de contracter une maladie iatrogène, c'est-à-dire une maladie provoquée par le traitement. Il faut savoir que la santé de beaucoup de gens est souvent mise en danger par une prise abusive de médicaments. Vous n'êtes pas sans savoir que tous les remèdes contiennent des agents chimiques. Ils créent ainsi fatalement une situation de stress dans le corps et ils diminuent aussi les résistances naturelles si précieuses pour l'organisme.

Cela dit, un médicament peut se révéler indispensable dans certains cas s'il est prescrit par un médecin responsable. Mais il faut absolument renoncer aux remèdes pris à tout propos et sans ordonnance médicale. Cette première démarche est importante et vous permet de vous sentir beaucoup mieux, très rapidement.

Le médicament le plus utilisé au monde est le Valium, et pourtant, nous savons que ce calmant est absolument incapable de guérir. Personne n'a jamais été vraiment soigné en prenant du Valium, ou n'importe quel tranquilisant d'ailleurs. Ils sont calmants, comme leurs noms l'indiquent, mais surtout ils masquent le symptôme et peuvent même se révéler très dangereux s'ils sont pris pendant de longues périodes. Il faut traiter la cause du symptôme et ainsi, le tranquillisant n'est plus utile.

Si vous êtes malade, la cause du symptôme est en vous, vous qui avez le pouvoir de changer votre vie, votre régime, arrêter les drogues, penser de manière positive et faire face à tous les problèmes de la vie.

Un problème est souvent moins important que nous l'imaginons, alors essayons de le considérer calmement, sans le compliquer mais tel qu'il est réellement. L'approche en sera très différente, plus objective, et nous n'aurons plus besoin de calmants pour le résoudre dans la détente.

9b. Pour la plupart des médicaments, il est impossible de dire s'ils agissent chimiquement ou non. Tous, même les plus forts, ont ce qu'on appelle un effet «placebo».

Chaque médicament, avant d'être lancé sur le marché est testé sur des animaux adultes d'abord, sur des petits ensuite, puis sur des femelles gravides avant d'aborder la sphère des humains. Parfois, le premier essai sur des personnes humaines est effectué sur des prisonniers volontaires et on observe aussi les effets secondaires (ceci aux USA). A ce stade, on commence à l'administrer à des malades concernés, mais en double-aveugle, c'est-à-dire qu'un groupe de patients reçoit le médicament réel, tandis que l'autre partie des malades reçoit un placebo. Les pilules sont absolument semblables, même forme, même couleur et même emballage, mais ce médicament ne contient aucun agent chimique, cela peut être une poudre tout à fait anodine et en aucun cas il ne peut être efficace par lui-même. Même l'infirmière ne sait pas à qui elle administre tel ou tel médicament. Après un certain temps, on compare les résultats obtenus : combien de personnes ont-elles été guéries avec le médicament original et combien avec le placebo. Si un plus grand nombre de malades ont été guéris avec le remède véritable, l'expérience est alors concluante.

Cependant, il arrive aussi, et même assez souvent, que davantage de malades soient guéris avec le placebo. En voici un exemple : en Allemagne, une fabrique prétendait avoir trouvé un remède contre les ulcères de l'estomac. On pratiqua l'expérience décrite ci-dessus, 50 patients souffrant d'un ulcère ont reçu le médicament en question et on administra à un autre groupe de 50 malades atteints du même mal, un placebo, et ceci durant toute la durée du traitement.

Les résultas sont étonnants : 23 personnes furent guéries avec ce médicament, ce qui représente un pourcentage assez normal, mais 27 malades du deuxième groupe furent également complètement guéris alors qu'ils ne reçurent que des placebos. Cela signifie très clairement, dans ce cas précis, que l'effet psychologique s'est révélé plus efficace que l'effet chimique, et pourtant ce médicament peut être obtenu dans toutes les pharmacies.

On peut en déduire que la manière de prescrire un médicament peut se révéler plus efficace que le remède lui-même. Par exemple, si vous recevez vos pilules d'une gentille infirmière, elles ont toutes les chances d'être plus agissantes que celles qui vous seraient données par une infirmière acariâtre. De même, la confiance que vous placez en votre médecin est très importante, souvent plus importante que l'ordonnance qu'il pourra vous donner. Même prescrit par un médecin compétent, tout remède est un poison en soi et occasionne en plus des effets secondaires qui peuvent se révéler aussi nocifs que le mal que l'on essaie de traiter. Dans la majorité des cas, la meilleure médecine est simplement vous-même.

9c. Beaucoup de médicaments vendus dans le commerce, et l'on pourrait presque dire heureusement, n'ont de médical que le nom et sont des placebos, ils sont dépourvus de tout effet thérapeutique. Cependant, la plupart d'entres eux, même les plus légers, sont nuisibles et occasionnent des effets secondaires. Par exemple, tous les remèdes utilisés pour calmer les douleurs, tels que l'aspirine, contiennent de l'acide salicylique qui crée des microhémorragies au niveau de l'estomac et de l'intestin. Essayons d'imaginer ce qui peut se passer dans ce domaine lorsque nous ingérons régulièrement de tels médicaments, pendant une longue période ! De plus, nous devons savoir que des traces restent dans le corps après l'arrêt du traitement. On a remarqué à ce sujet qu'après deux semaines, on retrouve encore des traces d'acide salicylique dans la transpiration d'un sujet ayant pris une seule aspirine.

D'autre part, concernant les vitamines que l'on absorbe souvent à tort et à travers, il a été prouvé que certaines d'entre elles artificiellement synthétisées ne peuvent être assimilées, ce qui revient à dire qu'on peut en avaler n'importe quelle quantité, elles passeront directement de la bouche à l'anus, sans développer le moindre effet. Si l'on se sent mieux, alors ceci est une parfaite illustration de l'effet placebo. Pour être efficace, la vitamine C, par exemple, doit être soit injectée, soit de structure organique.

Évidemment, certains remèdes peuvent soulager dans un premier temps, mais ils occasionnent fatalement des dégâts. Il faut donc être très prudent dans l'usage des médicaments, prendre exactement les doses prescrites et si l'on constate des effets secondaires, arrêter tout de suite et en parler à son médecin qui pourra vous en conseiller un autre ; ce n'est pas le choix qui manque.

Il n'est pas vain de répéter que des médicaments pris régulièrement peuvent créer une iatrogénie, une maladie provoquée par ces derniers. Beaucoup de patients en deviennent dépendants. En réalité, ils se soumettent entièrement à leur médecin et pensent que lui seul peut les guérir. Il est au contraire primordial, pour retrouver son équilibre, de se couper de cette dépendance le plus vite possible, sinon elle devient néfaste.

Se relaxer chaque jour est tellement plus simple, dans une détente profonde, s'imaginer en bonne santé et libéré de toute drogue. C'est la planification la plus importante qui devrait être programmée dans le merveilleux ordinateur qu'est le cerveau. En se détachant des médicaments de toutes sortes, on se libère soi-même. Il devient alors possible, au moyen de différentes techniques, de contrôler en grande partie les douleurs et certaines fonctions organiques. Simplement en pratiquant les exercices de la Sophrologie.

9d. Si vous prenez régulièrement des tranquillisants, il faut vous débarrasser de cette habitude le plus vite possible, même si cela vous paraît difficile, voire impossible. Pour commencer, il faut faire une petite révolution intérieure, probablement changer différentes choses dans votre vie, dans votre manière de penser, résoudre vos problèmes et ne pas les fuir.

N'oubliez pas que dans la vie, «il n'y a pas de problèmes, il n'y a que des solutions».

Plus vous serez détendu, décontracté, mieux vous assumerez vos difficultés. Par contre, si vous êtes continuellement tendu et crispé, vos problèmes deviendront de plus en plus difficiles à résoudre et vous ne pourrez jamais arrêter de prendre des calmants, c'est un cercle vicieux qui s'installe.

Une première démarche peut être celle indiquée au chapitre VI. c, celle de la feuille blanche sur laquelle vous inscrivez à droite tout ce qui est négatif, toutes vos contrariétés actuelles. Sur le côté gauche, notez tout ce qui est présentement positif. Une fois cette liste terminée, étudiez soigneusement de quelle manière vous pourriez supprimer certains points négatifs et comment augmenter les choses positives et agréables de votre vie. Pour atteindre ce but, il est fort probable que vous devrez réaliser des changements personnels. Cela demandera une certaine force de caractère, du courage aussi, car vous connaissez le présent, mais vous ne pouvez pas savoir ce qu'il adviendra après. Mais soyez courageux, n'hésitez pas à détruire tout ce qui vous ennuie, en affectant les autres le moins possible, et augmentez vos actions efficaces qui vous réjouiront. Lorsque le côté positif de votre vie sera dominant, vous n'aurez plus besoin de tranquillisants.

Voici une technique pour renforcer le côté positif de votre vie :

- Couché sur le dos, les yeux clos, relaxez-vous lentement, complètement, de la tête aux pieds... Oubliez tout votre environnement... Lorsque vous êtes bien détendus, divisez votre vie en trois parties, par exemple si vous avez 33 ans, décomposez votre vie en trois parties de 11 ans chacune...

Concentrez-vous alors sur le premier tiers, essayez de vous remémorer une situation agréable et positive de votre vie d'enfant, faites-la revivre «ici et maintenant» aussi intensément que possible... Prenez votre temps, revisez les détails, les couleurs, etc...

Cette première évocation terminée, faites de même avec les deuxième et troisième tiers de votre vie écoulée... Permettez seulement à des événements heureux et positifs de venir s'inscrire sur votre écran mental... Revivez-les joyeusement... Puis ressortez très lentement de votre relaxation, étirez bien tous vos muscles avant d'ouvrir les yeux.

En agissant ainsi, vous fortifiez le côté positif de votre nature, vous vous imprégniez biologiquement de pensées positives. Petit à petit, vous deviendrez simplement positif dans toute votre manière d'être. En pratiquant régulièrement cet exercice, vous êtes sur le chemin de la suppression des tranquillisants.

9e. En plus des expériences passées qu'il vous a été donné de revivre, vous avez également la possibilité de vous projeter positivement dans le futur.

- Confortablement assis, les yeux clos, vous vous détendez progressivement... Pour vous relaxer plus profondément, contractez fortement les muscles du visage, des bras et des jambes, tout en retenant l'air dans vos poumons... Quand vous vous sentez fatigué, relâchez tous vos muscles en même temps puis, respirez paisiblement par l'abdomen...

Essayez de faire apparaître une couleur sur votre écran mental... Puis projetez-vous dans le futur, essayez d'imaginer une situation en relation avec vos ennuis actuels, soyez sur le point de résoudre l'un de vos problèmes. Vous vivez un instant privilégié où vous êtes capable de réaliser tous vos souhaits... Surtout ne laissez aucune image négative interférer dans votre action, chassez-la et ne gardez que des images et pensées positives... Ensuite, imaginez-vous heureux dans le soleil, vous traversez en courant un champ fleuri... Prenez tout votre temps... Pour terminer, étirez les bras, les jambes, tout le corps, respirez profondément, avalez votre salive et, ouvrez les yeux avec un large sourire.

Il faut avoir du temps devant soi pour pratiquer efficacement cet exercice, afin de bien voir des images futures «ici et maintenant». Une grande confiance en vous s'installera progressivement et votre vie en sera à coup sûr plus agréable.

Vous pouvez aussi vous débarrasser de certains aspects superficiels de votre façon de vivre et qui ne vous rapportent pas grand chose en réalité.

Vous êtes merveilleux et unique. Vous possédez au fond de vous-même d'infinies ressources pour l'accomplissement de votre bonheur. Vous êtes une partie intégrante de la nature et la nature est extraordinaire, elle est créatrice de joies et non de tristesse. Observez la nature, une pâquerette ouvrant sa corolle au soleil, un oiseau éclatant de vie, un fruit qui s'épanouit, un animal heureux de sa liberté. Essayez de vous identifier, d'ETRE cette nature, en abandonnant vos actions et vos pensées bassement matérielles. Apprenez à vous estimer, à vous aimer, à apprécier la nature, à aimer les gens simplement tels qu'ils sont et non comme vous voudriez qu'ils soient. Si vous vous épanouissez, si vous vous aimez, vous serez aimé en retour, vous trouverez ainsi le bonheur.

En considérant objectivement vos problèmes, vous serez surpris de constater que la majorité ont été créés par vous-même. Si vous n'êtes pas heureux, c'est uniquement de votre faute, il est inutile de chercher plus loin. Alors assumez-vous, devenez responsable en cessant de dépendre soit des drogues, soit des autres. Vous pouvez trouver l'équilibre et le bien-être seulement en vous-même, et certainement pas dans le monde extérieur. Vous êtes la source intarissable de votre bonheur, de votre succès et surtout de votre pensée. Vous êtes le seul garant de votre santé. Réfléchissez à tout cela, et vous prendrez moins de pilules.

X L'OBÉSITÉ

10.a. Etes-vous de ceux qui font un peu trop pencher la balance ? Si oui, vous désirez certainement perdre ces kilos en trop et vous avez déjà essayé plusieurs régimes : Atkins, Scarsdale, Mayo, et bien d'autres y compris celui qui consiste en un calcul savant des calories autorisées journellement. Vous avez peut-être réussi à perdre un peu de poids mais, dès la fin du régime, vous avez repris rapidement les kilos laborieusement supprimés, et parfois, quelques-uns supplémentaires. Conclusion : un régime seul ne peut jamais lutter efficacement contre l'embonpoint.

Pour maigrir, il est essentiel de rechercher d'abord la cause de l'obésité, est-elle physique ou psychologique ? Très souvent, ces deux considérations sont intimement liées. Les causes physiques sont une nourriture trop riche ou trop abondante, un déséquilibre hormonal, une digestion difficile, ou une insuffisance rénale. La première des causes psychologiques est presque toujours un manque d'amour, une compensation recherchée dans les aliments. Une insatisfaction liée à la phase orale ou anale de l'enfance peut créer un état boulimique et se prolonger à l'âge adulte. La Sophrologie peut vous aider à comprendre votre obésité et vous permet d'en traiter la cause.

Comprendre la raison de son embonpoint est une démarche indispensable et pour cela, il faut commencer par l'accepter. Les causes psychologiques sont peut-être plus importantes que les causes physiques et aucun régime ne pourra agir à lui seul. Beaucoup de personnes obèses ont souffert, ou souffrent encore, d'un manque d'amour, leur obésité peut être aussi une identification à la mère, une autopunition ou un refus de la vie sexuelle, mais toutes ces causes sont inconscientes. C'est la raison pour laquelle il est si difficile de se guérir de l'obésité.

En pratiquant une anamnèse sophrologique, c'est-à-dire en établissant l'histoire de votre vie, un thérapeute entraîné peut détecter la cause principale de votre obésité et vous soigner en conséquence.

Après cette démarche, même sans régime très strict, vous pourrez perdre le poids excédentaire et trouver un nouvel équilibre, physique et psychique.

10b.Pour diminuer son poids, il faut évidemment faire attention à sa nourriture, mais ce n'est pas suffisant. Certaines personnes font un jeûne complet dans une clinique spécialisée, pendant deux à trois semaines, elles sont persuadées que c'est la seule façon de maigrir. Certes, en jeûnant pendant plusieurs semaines, elles perdent inévitablement une dizaine de kilos, ou davantage, mais dans les mois qui suivent, elles reprendront tout aussi sûrement les kilos perdus et se retrouveront avec un poids excédentaire à celui du début de leur diète. Jeûner est un excellent moyen de libérer son corps des toxines accumulées avec le temps, mais en aucun cas une méthode pour retrouver définitivement son poids normal.

Un régime peut se révéler nécessaire dans certains cas, mais jamais comme mesure unique, et il faut le choisir avec discernement. Quelques régimes peuvent se révéler dangereux, tel celui préconisant la suppression complète des hydrates de carbone, par exemple. En effet, si vous ne consommez plus du tout de sucres, votre organisme sera obligé de transformer les graisses en sucres pour garder son équilibre. Cette adaptation va créer une haute concentration de lipoprotéines de faible densité (L.D.L.) dans le sang (cholestérol) et affectera notamment les vaisseaux sanguins. Il est formellement déconseillé d'entreprendre un régime à la légère, quel qu'il soit, c'est une affaire très sérieuse et il y va de votre santé. Si vous êtes obligé de faire un régime alimentaire, faites-le uniquement sous surveillance médicale.

Le mieux serait de commencer à pratiquer la méthode décrite dans le chapitre précédent : l'instinctothérapie ; elle provoque immanquablement une perte de poids et, en deux mois, vous perdrez plus de kilos que par une diète ou tout autre régime. Cependant, ce n'est pas à proprement parler un régime amaigrissant. Manger ses aliments crus est excellent, mais pour maigrir, il convient encore de cesser de boire pendant les repas, ne pas mélanger boissons et nourriture. Il ne faut pas supprimer les liquides, évidemment, mais il faut boire, de l'eau de préférence, deux à trois litres par jour, mais uniquement ENTRE les repas.

La motivation psychologique dans le but de perdre du poids est indispensable et ensuite, essayez de trouver la cause de votre obésité. Commencez par faire contrôler vos reins, votre système digestif et votre système hormonal. Si toutes ces fonctions sont normales, vous pouvez être sûr que votre obésité provient de facteurs psychologiques. Vous pourrez alors envisager de pratiquer des techniques mentales qui vous permettront de prendre conscience de la cause de votre obésité et, en accord avec une nourriture bien équilibrée, vous pourrez certainement maigrir et garder votre poids.

La Sophrologie est capable de vous aider à trouver une motivation et la cause de votre obésité, il suffit alors d'introduire ce nouveau programme dans le merveilleux ordinateur-cerveau.

10c. L'oxygène brûle les graisses, c'est bien connu, il est donc indispensable d'accomplir des exercices respiratoires très régulièrement. Plus on introduit d'oxygène dans le sang, plus on peut maigrir. Pratiquer les exercices indiqués au chapitre V concernant la respiration est très profitable. En plus d'une bonne oxygénation, il est nécessaire de pratiquer un peu de culture physique ou un sport. Des massages améliorent aussi la circulation sanguine et peuvent aider à diminuer des graisses excédentaires.

La constipation est l'alliée de l'embonpoint. Normalement, on devrait aller à selles après chaque repas, mais c'est loin d'être le cas dans notre civilisation moderne où la plupart des gens sont souvent constipés. Pour y remédier, il ne faut pas oublier de respirer uniquement par le ventre. On peut aussi pratiquer plusieurs fois par jour la respiration abdominale accélérée. Boire à jeun, chaque matin, un jus de figues ou de pruneaux est une bonne démarche. Il existe un fruit tropical très actif appelé «casse» qui ressemble à un large haricot, de couleur brune ; il a une peau épaisse qu'on ouvre avec un casse-noix et on suce les petites parois internes. Si vous pouvez vous en procurer, ne manquez pas d'en consommer régulièrement.

N'absorbez jamais de médicaments contre la constipation, ils sont tous néfastes pour la santé. La respiration abdominale accompagnée de différents exercices, un régime équilibré, et la constipation devrait être vaincue sans aucune aide chimique.

Il est également possible de combattre la constipation mentalement.

- Étendu sur votre lit, faites une respiration complète... Puis inspirez profondément et lentement, videz l'air en commençant par le haut du corps, ensuite le thorax et enfin l'abdomen... Lorsque vos poumons sont vides, saisissez vos chevilles avec vos mains et soulevez votre corps, seuls vos pieds, vos épaules et

votre tête sont encore en contact avec le lit.

Toujours sans respirer, remuez votre ventre (dedans - dehors - etc.) jusqu'à ce que vous soyez fatigué... Reposez votre corps et relaxez-vous... Recommencez ce mouvement trois fois...

Puis fermez les yeux et détendez-vous aussi profondément que possible... Imaginez que vous êtes assis sur la cuvette des W.C. et que vous êtes en mesure de vider complètement vos intestins... Vous allez très facilement aux toilettes et vous vous débarrassez de toutes vos toxines... Visualisez le cheminement de vos aliments se rendant de votre bouche dans l'estomac, à travers les différents organes digestifs jusqu'à la station terminale qui est l'anus ; considérez le merveilleux travail de vos intestins séparant les aliments et le mouvement péristaltique qui chasse les déchets de votre organisme... Lorsque vous avez bien visionné ce cheminement, restez tranquille un moment... Puis étirez tous vos muscles, respirez à fond et, lentement, ouvrez les yeux.

10d. Pour diminuer un poids excédentaire important, vous êtes peut-être dans l'obligation de suivre un régime, mais le choix est grand et il est souvent bien difficile de trouver le bon. Dans tous les magazines, des réclames vantent la dernière trouvaille pour maigrir facilement. La plupart des méthodes proposées sont aberrantes, pour ne pas dire dangereuses. Il serait préférable de choisir l'instinctothérapie, déjà mentionnée, avant toute autre méthode. Une des meilleures que je connaisse est la méthode «Scarsdale» qui est remarquablement équilibrée. Mais quelle que soit celle que vous décidez de suivre, vous aurez de la peine à vous y conformer strictement, comme c'est souvent le cas. Il est évident qu'il ne vaut pas la peine de suivre un régime sans le suivre au pied de la lettre et de s'accorder trop souvent des petits surplus de nourriture. Au commencement, il est difficile d'habituer l'estomac à recevoir moins de substance ; pourtant, cette difficulté est plus psychologique qu'anatomique.

Il est parfaitement possible de manger à sa faim sans pour autant satisfaire son appétit. Il existe deux centres, dans le cerveau : celui de la faim et celui de l'appétit. Pour maigrir, il faut le plus possible inhiber le second. Il faut se rééduquer pour rester en bonne santé et en forme, manger pour vivre et ne pas vivre pour manger. Se lever de table en ayant encore un peu faim, sinon on mange trop et on devient trop gros. Etre obèse, en somme, c'est être malade.

Voici un exercice qui facilitera l'application d'un régime raisonnable.

- Installez-vous confortablement dans un fauteuil, les yeux ouverts... Fixez un objet devant vous, observez-le jusqu'à ce que vos yeux deviennent fatigués... Laissez alors vos yeux se fermer et permettez à tout votre corps de se relaxer aussi complètement que possible, loin de toute interférence, aucun bruit ne peut vous distraire...

Imaginez-vous assis près d'une table recouverte de nourriture appétissante... Sur un premier côté, vous remarquez du fromage, des spaghettis aux tomates, du pain, des frites, des raisins et des bananes, tandis que de l'autre côté de la table sont disposés des fruits, des salades, des légumes et du poisson grillé...

Vous choisissez les aliments du deuxième côté de la table car tous les autres vous répugnent, vous ressentez une réelle répulsion en regardant ces mets trop riches ! Par contre, vous dégustez ces salades, ces légumes et ces fruits variés avec plaisir, vous aimez et vous appréciez cette nourriture simple et naturelle... Vous vous apercevez que vous mangez moins, vous vous sentez léger et en pleine forme... Votre festin est terminé, vous sortez de table complètement rassasié jusqu'à votre prochain repas...

Vous êtes heureux. . .
Étirez alors vos bras et vos jambes, respirez profondément et ouvrez les yeux, la mine épanouie.

10.e Par votre imagination, vous pouvez agir directement sur votre corps. Vous savez que lorsque vous entrez en état de conscience sophronique, vous perdez complètement la notion du temps. Tout devient mentalement présent et vous expérimentez la synchronicité du temps décrite par Jung. C'est la raison pour laquelle, dans cet état particulier, vous pouvez voyager dans le temps, aussi bien dans le passé (régression) que dans le futur (progression).

En ce qui concerne le bon déroulement de votre régime, il convient de vous imaginer dans l'avenir avec la silhouette que vous souhaitez avoir. En même temps, dans cette relaxation, vous pouvez vous suggérer, par exemple : «Je hais tous les produits trop riches en hydrates de carbone - je n'aime pas les bananes, le raisin, le pain blanc, etc., - je sais parfaitement que les pâtes ne me valent rien, ainsi que les graisses de toutes sortes». Par contre : «J'aime beaucoup les légumes frais - j'apprécie surtout les salades - je mange avec plaisir les fruits de saison - (et si vous n'êtes pas végétarien) je préfère les poissons cuits au court-bouillon, sans sauce - et les viandes uniquement grillées, etc». En pratiquant ainsi, vous programmez votre inconscient dans une projection du futur et, petit à petit, vous deviendrez capable de consommer uniquement des aliments sains.

Dans vos relaxations, vous pouvez encore vous imaginer que vous êtes debout, déshabillé et vous regardez votre image reflétée par un miroir, d'abord tel que vous êtes, trop gros et empâté ; progressivement, votre silhouette se transforme en une représentation plus agréable et vous contemplez votre corps dans le futur, tel que vous le désirez, svelte et attirant.

Cette mimétisation est tout à fait possible. Avez-vous remarqué que des personnes vivant longtemps ensemble ont tendance à se ressembler ? Ce phénomène s'observe particulièrement avec les chiens. Très souvent un chien ressemble à son maître, à moins que ce ne soit l'inverse. Ne vous est-il jamais arrivé d'essayer de deviner quelle sorte de chien pourrait aller avec une certaine personne, simplement en la dévisageant ? Amusez-vous à découvrir des similitudes dans votre entourage, vous serez étonné de votre succès. Connaissant ce fait, vous pouvez l'appliquer à votre démarche pour perdre du poids. Cherchez dans un magazine la photo d'une personne ayant le tour de taille que vous espérez avoir lorsque vous aurez maigri et à laquelle vous aimeriez ressembler. Découpez cette image et pratiquez un petit montage en collant une photo de votre visage sur le corps qui vous fait rêver. Fixez cette représentation sur une porte que vous ouvrez souvent, par exemple celle de votre salle de bains ou à l'intérieur de votre armoire à habits. Chaque fois que vous passez près de cette image, regardez-la bien, concentrez-vous un moment sur cette silhouette et dites en vous-même : «Je veux lui ressembler, c'est moi, je peux être ainsi». Petit à petit, vous inscrirez le programme de cette transformation dans votre cerveau. Ce petit truc est très efficace, même si vous avez quelque peine à y croire.

L'imagination positive, ajoutée aux autres méthodes décrites dans ce chapitre, est un complément indispensable à toute cure d'amaigrissement.

XI LA PEUR

11a. La Sophrologie est souvent utilisée afin de garantir la réussite des tests et des examens de toute nature. Si vous avez peur de passer un examen, même lorsque vous êtes bien préparé, vous perdez une partie de vos capacités mémorielles au moment de répondre aux questions posées. Ce phénomène peut s'expliquer scientifiquement.

D'une manière simplifiée, lorsque vous avez peur, la crainte crée une excitation très forte au niveau du cortex, partie extérieure du cerveau. Cette impulsion engendre une inhibition, c'est-à-dire arrête les autres fonctions du cortex et le paralyse. En d'autres termes, toute l'énergie de votre cerveau est concentrée sur la crainte, obligeant toutes les autres fonctions à cesser leurs activités. Ainsi vous n'êtes plus capable de répondre aux questions alors même que vous en connaissez les réponses.

Vous pouvez diminuer et même supprimer cette crainte en relaxant tout votre corps, et conserver cette relaxation pendant toute la durée des tests. Ainsi vous créez une réaction (feed-back) corps-cerveau qui stoppera la peur. Les fonctions de votre cerveau reprennent leurs activités et votre mémoire peut se manifester normalement, vous pouvez répondre aux questions selon vos connaissances.

Pour la préparation des examens, et pour juguler la peur, vous pouvez essayer de les vivre, imaginer la situation future, en utilisant la sophro-acceptation-progressive que l'on peut définir par vivre positivement une situation dans l'avenir en état sophrologique. En voici un exemple :

- Étendez-vous ou asseyez-vous confortablement et fermez les yeux... Concentrez-vous sur votre respiration... Chaque fois que vous expirez, vous vous relaxez plus profondément... Contrôlez votre relaxation de la tête aux pieds, sans oublier de détendre votre dos... C'est comme si vous étiez sur le point de vous endormir...

Imaginez que vous vivez en ce moment le jour de votre prochain examen, vous êtes aussi détendu que maintenant.

Vous quittez votre maison, en chemin vous vous sentez heureux et à votre arrivée, vous examinez bien la salle si vous la connaissez, vous vous voyez à votre place... Vous avez bien préparé toutes les matières, vous avez travaillé le mieux possible et vous êtes calme... En restant dans cet état de relaxation, tout ce que vous avez lu et appris sera présent dans votre conscience, votre mémoire ne vous fera pas défaut le moment venu, vous avez confiance en vous ... Ensuite, vous êtes en plein examen, le professeur est là, vous êtes toujours détendu et vous répondez facilement à toutes les questions... L'appréciation sera certainement bien au-dessus de la moyenne... Imaginez ainsi tous les examens que vous aurez à passer... Quand vous avez terminé, sortez de votre état de relaxation comme d'habitude, en étirant bien tous vos muscles, en respirant profondément avant d'ouvrir les yeux.

En préparant ainsi chaque épreuve, vous augmentez la confiance en vos capacités et vous éliminez une bonne partie de vos craintes.

11b. Les acteurs et les personnes qui doivent parler en public connaissent aussi la crainte, le trac qui envahit tout le corps avant une représentation ou une conférence. Pour le surmonter, on peut adapter l'exercice précedent de la façon suivante.

- *Assis ou étendu confortablement, les yeux fermés, détendez le visage, la poitrine, tous les muscles du corps et respirez profondément et calmement par le ventre... Imaginez un écran devant vous et colorez-le... Vous apparaissez et vous commencez à dire votre texte sans aucune appréhension, vous êtes sur la scène ou l'estrade, devant une salle comble. Vous ne ressentez aucune tension, votre mémoire est sans faille... Vous êtes en pleine forme, heureux et parfaitement détendu... Après vous être imprégné de cette image, remuez les orteils, étirez-vous, inspirez et expirez profondément, puis ouvrez les yeux.*

Vous pouvez pratiquer cette relaxation tranquillement chez vous ou en vous isolant quelques instants juste avant de jouer votre rôle ou de prendre la parole devant une assemblée.

Chacun est capable de surmonter une peur. La crainte et le trac peuvent être parfaitement contrôlés. En imaginant positivement une prochaine épreuve, en la vivant complètement à l'avance, dans une relaxation profonde, vous pouvez réussir tout ce que vous entreprendrez. Représentez-vous ainsi détendu, ayant pleinement réussi votre examen, joué votre pièce ou fait votre conférence. En même temps, pensez que vous avez entièrement confiance en vous, en vos capacités. Simplement, lorsque vous sentez la crainte vous envahir, respirez profondément et lentement par le ventre et le calme sera plus fort que la peur.

11c. De nos jours nous voyageons énormément d'une contrée à l'autre et souvent nous traversons les océans.

Pour gagner du temps, nous nous déplaçons de plus en plus en avion. Même si les accidents sont devenus très rares, beaucoup de gens ont une peur panique à l'idée d'aller en avion, même après plusieurs voyages qui se sont d'ailleurs déroulés sans histoire. Dès qu'ils s'installent dans un avion, ils sont paralysés de peur. Ce phénomène est fréquent et bien connu, il peut être si puissant que ces personnes préfèrent voyager en train ou en bateau même si cela représente pour eux une perte de temps considérable.

Cette crainte peut se manifester aussi en entrant dans une pièce sans fenêtre ou dans un ascenseur. Beaucoup plus de gens qu'on ne pense n'osent pas utiliser l'ascenseur, ce qui devient un grand problème dans les villes, les bâtiments comportant toujours plus d'étages. Ce symptôme s'appelle la claustrophobie.

Il s'agit d'une névrose, la cause est totalement inconsciente et il est impossible de maîtriser cette situation par la volonté. Dans ce cas, la meilleure aide est encore l'imagination et cette sorte de symptôme peut également être traité par la sophro-acceptation progressive, comme dans les cas précécents.

Si vous avez peur d'aller en avion, imaginez positivement la situation dans le futur, en état de relaxation.

- Étendez-vous confortablement, fermez les yeux et relaxez-vous profondément, aussi totalement que possible... Imaginez ensuite que vous quittez votre chambre, vous partez en voyage et vous devez vous déplacer en avion... Vous allez à l'aéroport, vous êtes très détendu pendant le trajet jusqu'à l'aéroport... Vous arrivez au guichet d'enregistrement, toujours aussi calme... Dans la salle d'attente, vous ne ressentez aucune tension.. A l'appel, vous entrez dans l'avion sans aucune crainte, vous vous installez à votre place et vous vous relaxez complètement... L'avion roule sur la piste, vous êtes toujours plus détendu, il prend de l'altitude et vous vous sentez

très heureux de partir, vous êtes paisiblement assis et vous continuez à respirer lentement par le ventre... A l'arrivée, lorsque l'avion atterrit, vous êtes toujours relaxé... Il roule vers son aire de stationnement, vous inspirez profondément et vous êtes joyeux, votre vol s'est très bien passé... Vous remuez alors les orteils, les mains, étirez-vous complètement et, ouvrez les yeux.

L'angoisse précédant chaque voyage peut ainsi être transformée en une vraie joie de partir.

11d. La peur avant de subir une opération est aussi très fréquente et il est possible de s'y préparer sophrologiquement. Il est important d'accepter une opération, de rester calme et d'avoir une confiance totale en vous et en votre chirurgien. En plus, en utilisant votre cerveau de manière positive, vous êtes capable de contrôler et d'accélérer la régénération de vos tissus. Cette technique spéciale utilisée en Sophrologie a été appelée psychoplastie.

Lorsque vous vous relaxez très profondément, vous pénétrez dans un état de conscience sophronique et pendant toute la relaxation, vous perdez complètement la notion de l'espace et du temps. A ce moment, vous devenez capable de vous projeter dans le futur et d'imaginer la situation, de préparer positivement l'opération et de la subir calmement.

Vous pouvez apprendre à récupérer rapidement après une intervention chirurgicale et activer la guérison de vos tissus et de vos organes. Il est possible aussi, de supprimer les remèdes tels que les contre-douleurs, les tranquillisants et les somnifères. Car moins vous prendrez de médicaments après une opération, plus vite et mieux vous guérirez.

Avant toute opération, préparez-vous mentalement ainsi :

- *Étendez-vous et relaxez-vous complètement, les*

yeux fermés... Le visage, les mâchoires, la nuque... Supprimez toutes les tensions au niveau des épaules et des bras... Décontractez votre cœur et vos poumons, toute votre poitrine... Respirez doucement par le ventre ... Détendez tous vos organes internes... vos jambes et vos pieds... Laissez-vous devenir très lourd et... calme...

Imaginez que vous vous rendez à l'hôpital ou à la clinique, vous quittez votre maison complètement détendu et confiant, vous n'avez absolument pas peur de vous faire opérer, bien au contraire, vous savez que cette démarche vous permettra de recouvrir la santé et que vous allez guérir rapidement. Vous avez une totale confiance en votre chirurgien.. Puis vous vous voyez bien installé, tout à fait décontracté, vous êtes prêt... Vous êtes tellement détendu qu'il faut très peu de médicament pour l'anesthésie, beaucoup moins qu'ordinairement et vous êtes rapidement endormi...

L'opération terminée, vous vous réveillez soit dans votre chambre, soit aux soins intensifs... Vous êtes calme.. Il est possible peut que vous ayez un goutte à goutte avec une aiguille piquée dans le bras, vous avez peut-être une intubation, mais cela n'a pas d'importance, vous savez que c'est pour peu de temps et que vous allez guérir rapidement. Vous êtes si détendu que vous n'avez pas mal, la douleur est neutralisée et vous êtes content que l'opération se soit bien déroulée. Vous guérissez rapidement, quelques jours plus tard vous pouvez quitter l'hôpital, vous marchez et vous ne souffrez pas, vous rentrez chez vous heureux et la vie redevient normale. C'est presque comme si vous n'aviez jamais été opéré.

Remuez alors vos orteils, vos mains, respirez profondément, avalez votre salive, actionnez les muscles de votre visage, de tout votre corps, et, lentement, ouvrez les yeux.

Cette relaxation, répétée plusieurs fois dans les semaines qui précèdent une intervention, peut remplacer avantageusement l'angoisse et la crainte de l'opération par une grande sérénité.

La cicatrisation de l'opération, ou de toute autre blessure peut être accélérée de la manière suivante :

- *Étendez-vous, fermez les yeux et relaxez-vous profondément comme d'habitude... Concentrez-vous spécialement sur l'endroit blessé de votre corps... Imaginez votre sang qui afflue dans cette région ; simultanément, vos globules blancs vous protègent d'une infection... Essayez d'amener davantage de sang, créant ainsi un îlot de chaleur sur toute la partie blessée... Cette chaleur s'intensifie... Lorsque vous ressentez bien cette chaleur, vos tissus se reforment rapidement... Représentez-vous votre cicatrice, la peau devient saine... La chaleur va durer des heures et, quand vous le voulez, vous pouvez l'intensifier en vous relaxant et en vous concentrant de la même façon sur l'endroit que vous désirez réchauffer et guérir... Lorsque vous avez terminé, remuez les orteils, les mains, respirez complètement et lentement ouvrez vos yeux.*

Entraînez-vous régulièrement, cette méthode est très efficace pour aider la nature à vous guérir plus rapidement et complètement.

XII LE SOMMEIL

12a. Le sommeil permet à toutes les cellules du corps de récupérer, il prépare l'activité de chaque jour. Environ 40% des gens dorment mal, ou pas assez, et ils se retrouvent très vite sur la pente des troubles fonctionnels. Le sommeil des adolescents doit se situer entre huit et dix heures par nuit et les adultes dorment généralement six à huit heures, la moyenne étant tout à fait personnelle. Après une bonne nuit de sommeil, on devrait se sentir complètement reposé et heureux d'entamer une nouvelle journée. Si une fatigue est encore ressentie au réveil, c'est le signe d'un stress trop important (ou trop faible) ; la première chose à faire pour y remédier est de repenser et changer l'organisation de sa vie journalière.

Le soir, en allant vous coucher, commencez par oublier tous vos problèmes, ce n'est pas dans votre lit que vous allez les résoudre. En les voyant tels qu'ils sont et non comme vous pensez qu'ils sont, ce qui est très différent, vous serez capable de trouver la solution le moment venu, il est inutile de vous torturer les méninges à l'avance. Au coucher, lorsque vous avez éteint la lumière, étendez-vous confortablement, respirez profondément, détendez-vous et oubliez tout. Vous pouvez relaxer vos pensées aussi bien que vos membres. Mettez-vous à compter votre respiration et chaque expiration, décontractez un peu plus vos bras et vos jambes, ils deviendront lourds, comme attirés par le centre de la terre. Votre respiration pourra ainsi se ralentir et vous vous endormirez tranquillement.

Au coucher, vous devez normalement tomber dans un sommeil profond au bout de quelques minutes. Si vous commencez à penser à tous vos ennuis, passés ou futurs, vous établissez rapidement une insomnie directement liée à vos problèmes et vous aurez toujours plus de peine à vous endormir. Les causes d'un sommeil trop court ou agité sont diverses et vous ne les trouverez certainement pas en prenant des somnifères car ils provoqueront des insomnies chroniques et profondes, ils sont très dangereux pour votre santé et même votre vie. Apprenez à vous endormir dans le calme en oubliant toutes vos difficultés, en laissant simplement votre cerveau se reposer, il l'a bien mérité.

12b. Beaucoup de recherches ont été effectuées concernant le sommeil. La plus importante découverte est certainement celle des professeurs Kleitman à Chicago et Jouvet à Lyon. Tous deux ont remarqué que le sommeil suit un rythme très régulier chez les être humains. D'une manière simplifiée, on peut dire qu'en s'endormant l'activité du cerveau ralentit, le sommeil est profond pendant 90 minutes, puis, la longueur des ondes cérébrales change, un rêve commence et dure 9 minutes, ensuite le sommeil redevient profond pendant 90 minutes et ainsi de suite. Ces stades alternés se reproduisent quatre à cinq fois durant la nuit, le temps des rêves s'allongeant chaque fois pour s'étendre de 9 à 30 minutes. Au matin, vous vous réveillez sans prendre conscience que vous avez rêvé pendant presque deux heures tout au long de votre repos. Les rêves sont aussi importants que le sommeil lui-même.

Voici quelques conseils pratiques pour bien dormir. Tout d'abord, votre lit devrait être placé de telle sorte que la tête soit au nord et les pieds au sud ; il est facile de le contrôler avec une boussole. Si vous dormez bien, habituellement, les pôles ont peu d'importance mais votre corps se repose mieux en étant orienté dans l'axe nord-sud. Avant de vous coucher, il est important d'éliminer les ions positifs accumulés sur votre corps tout au long de la journée ; pour cela, il est recommandé de prendre chaque soir une douche agréablement chaude. Après le repas du soir, vous pouvez aussi faire une promenade, mais les semelles de vos chaussures doivent être de préférence en cuir. En effet, le caoutchouc, le plastique ou le crêpe, au lieu de décharger les ions positifs dans la terre vont les augmenter, le but de les éliminer ne sera pas atteint et vous dormirez encore plus mal. Votre pyjama ou chemise de nuit ainsi que vos draps doivent être en matière naturelle - pas de synthétique - mais seulement du coton. Toutes les matières artificielles doivent être bannies si vous dormez mal, même le matelas doit être uniquement de fibres naturelles. Pour reposer le cœur pendant le sommeil, vous pouvez soulever le pied du lit d'environ 2 à 3 cm. Vous pouvez encore boire un verre de lait chaud, éventuellement avec un peu de miel, ce qui augmentera la sérotonine dans votre sang qui, en circulant, stimulera le centre du sommeil dans votre cerveau.

12c. Le somnifère est une drogue qui, petit à petit, peut vous détruire. Si, de guerre lasse, vous avalez chaque soir une pilule pour vous endormir plus facilement, vous contractez rapidement une très mauvaise habitude. Dormir avec l'aide d'un produit chimique n'a absolument aucune relation avec un sommeil naturel. En prenant régulièrement des somnifères, vous détruisez l'équilibre des substances chimiques dans vos centres cérébraux et vous renforcez votre insomnie plutôt que de la guérir. Votre sommeil devient artificiel et en aucun cas ne peut vous procurer le repos dont vous avez besoin. De plus, un narcotique persiste longtemps dans le corps, des traces de barbiturique peuvent être trouvées dans le sang jusqu'à deux semaines après l'ingestion. Vous pouvez imaginer ce qu'il arrive lorsque vous en prenez régulièrement.

Le sommeil est une loi de la nature et il est normal de s'endormir sans aucune aide. Il faut apprendre à être responsable de soi-même au lieu de se détruire un peu plus chaque jour avec ce genre d'appui extérieur. Il est possible à chacun de s'étendre le soir dans la joie d'un repos bien mérité et de dormir comme un bienheureux.

- Étendez-vous sur le lit, cherchez la meilleure position pour vous endormir... Éteignez la lumière et fermez les yeux... Contrôlez votre posture afin quelle soit agréable et si nécessaire, trouvez-en une autre... Détendez tout votre corps lentement... de la tête aux pieds... En même temps, votre corps devient chaud... Essayez de sentir la chaleur envahir tous vos membres... Regardez mentalement votre anatomie, évaluez ses limites, sa forme... Sentez les parties qui sont en contact avec les draps, devenez aussi conscient que possible de votre personne abandonnée sur le lit...

Puis repensez à un fait très positif de votre passé, une situation où vous avez été pleinement heureux... Devenez une partie de cet événement passé, comme s'il se passait maintenant... Essayez de percevoir un sentiment de bien-être gagner tout votre corps, seule cette impression de bien-être est importante, rien d'autre. Vos problèmes sont complètement oubliés et, doucement, vous vous élevez au pays des songes.

Vous remarquerez que, contrairement aux autres techniques de sophrologie citées dans ces pages, à la fin de l'exercice il n'est pas nécessaire de reprendre du tonus et d'ouvrir les yeux. Cette fois, tout simplement et naturellement, vous vous endormez pour passer une bonne nuit de sommeil.

12d. Une fatigue le matin au réveil ne devrait pas subsister, à moins que vous n'ayez pas eu votre compte de sommeil. Si vous dormez généralement le nombre d'heures nécessaires à votre organisme et que vous êtes encore fatigué le matin, c'est le signe d'un mauvais fonctionnement. Une thérapie peut se révéler nécessaire, mais sans aucun médicament. Les somnifères, dans ce cas précis, ne servent à rien, ils ne feront qu'aggraver vos problèmes de sommeil et de fatigue tout en intoxiquant votre corps. Vous pouvez combattre ce manque d'énergie du matin en faisant certains exercices de respiration, de relaxation dynamique. En voici un tout spécialement adapté :

- Faites un petit effort et levez-vous, fermez les yeux et relaxez-vous... Expirez complètement, videz le plus d'air possible de vos poumons... Puis, inspirez en remplissant lentement les trois niveaux, ventre - thorax - épaules, retenez votre respiration et sautez en restant totalement relaxé, tous vos membres sont relâchés, comme une marionnette... Lorsque vous ne pouvez plus retenir votre souffle, expirez bien... et détendez-vous... Répétez cet exercice trois fois puis reprenez une respiration normale en ouvrant les yeux.

Il est évident que vous pouvez faire cette exercice à n'importe quel moment de la journée, mais au matin vous ressentirez une régénération bienvenue et votre fatigue aura disparu, si elle ne provient pas de troubles importants.

Quelquefois une thérapie est indispensable pour rétablir un cycle de sommeil normal et la sophrologie est dans la plupart des cas la meilleure façon de se débarrasser de l'insomnie. Pourtant, si vous avez partiellement ou totalement perdu votre faculté de sommeil, il faut vous imposer une discipline de vie. Pendant un certain temps, vous devez aller vous coucher tous les soirs à la même heure. Imposez-vous une heure fixe jusqu'à ce que vous puissiez vous endormir plus facilement. Ne buvez rien d'excitant avant de vous mettre au lit, évitez le café ou le thé, et naturellement l'alcool. Pour votre soirée, choisissez autant que possible une activité qui vous détende, dans le calme et pas en regardant un film violent ou des débats controversés et souvent stériles. Faites pendant quelques heures ce que vous aimez et, pourquoi pas, lisez quelques pages de ce livre ou de tout autre concernant la Sophrologie. N'oubliez pas aussi de vous débarrasser de vos ions positifs en faisant une promenade, comme indiqué plus haut, et supprimez toutes les matières synthétiques. Après une bonne douche tiède, vous serez chargé de ions négatifs plus abondants et vous pourrez dormir comme un enfant.

12e. Il est possible d'utiliser la sophro-acceptation-progressive pour programmer un bon sommeil.

- Détendez-vous en position debout, assise ou couchée... Vous êtes capable de vous mettre très rapidement dans un état de conscience sophronique en fermant les yeux et en respirant une ou deux fois profondément... Lorsque vous êtes détendu physiquement et mentalement, essayez de programmer votre cerveau en utilisant votre imagination dans un sens positif, regardez sur votre écran mental la façon dont vous allez vous endormir... Vous êtes couché dans votre lit, calme et paisible, vous vous endormez très facilement et profondément... En même temps, vous vous suggérez le souvenir de vos rêves et vous serez capable de les écrire au réveil... Imaginez ce réveil, vous êtes reposé et prêt à commencer une

journée magnifique, à faire face à tous vos problèmes complètement détendu et à contrôler parfaitement vos réactions corporelles par rapport aux agents stressants... Observez votre respiration, respirez lentement et profondément par le ventre et à chaque expiration, vous sentez que vous vous relaxez davantage... Vous êtes presque endormi, que vous soyez présentement dans n'importe quelle position... Puis, lorsque vous avez passé en revue votre sommeil, vos rêves et votre réveil, vous pouvez remuer les orteils, étirer les bras, respirer profondément et, quand vous le voulez, ouvrez les yeux et souriez à la vie.

Cet exercice peut être répété plusieurs fois, à n'importe quel moment de la journée. Vous retrouverez peut-être votre sommeil d'antan.

Les rêves sont une partie importante du sommeil. Chaque être humain rêve environ deux heures sur huit heures de sommeil. Très souvent, lorsque vous vous réveillez le matin, vous sortez d'un songe mais vous n'avez aucun souvenir de tous vos rêves. Cela est regrettable, car ils ont toujours une signification même si vous ne les comprenez pas. Les rêves sont souvent en relation avec les événements de votre vie, ils peuvent apporter une solution à certains de vos problèmes. Ils sont le fruit de votre inconscient, où se trouve la cause de vos symptômes pathologiques. Ainsi il faudrait se les remémorer et les écrire dès l'éveil. Au début, seul un analyste expérimenté peut vous aider à les comprendre. En effet, le même rêve peut avoir une signification toute différente d'une personne à une autre. En faisant régulièrement des exercices appropriés de sophrologie, vous pourrez renforcer votre intuition et comprendre les messages symboliques de vos rêves. Si vous souffrez d'un trouble fonctionnel, vous avez certainement de la peine à vous en souvenir. Une étude faite sur cinq années a montré qu'il existe probablement une relation directe entre les rêves et des symptômes pathologiques. Si vous devenez capable de les enregistrer, de les noter et d'en comprendre la signification, vos troubles peuvent diminuer et même disparaître. Si vous ne saisissez pas tout de suite le sens de vos rêves, relisez-les plusieurs fois, ils racontent votre histoire. Peu à peu, vous pourrez améliorer vos relations et vivre dans le bien-être. Parfois les rêves sont prémonitoires et annoncent un événement. Ceci est possible grâce à la synchronicité du temps existant au niveau de l'inconscient.

XIII LA GROSSESSE

13a. La grossesse est un moment merveilleux dans la vie d'une femme et elle doit pouvoir l'expérimenter positivement en évitant autant que possible les situations stressantes. Tous les changements chimiques de son corps provoqués par un trop grand stress affectent aussi le fœtus et peuvent créer des problèmes pour son avenir. La mémoire du bébé est active dès le quatrième mois de grossesse environ et toutes les émotions vécues par la mère se répercutent sur lui. On trouve des similitudes entre le petit et sa mère après la naissance et pendant plusieurs années encore - il n'y a pas de différence - ils ne font qu'un. Dès sa conception, un être a besoin d'amour et de tendresse.

Voici un exercice destiné aux femmes enceintes, il peut les aider à préparer une nouvelle vie.

- Étendez-vous confortablement sur le dos, mettez un coussin sous vos genoux et un autre sous la nuque, fermez les yeux et essayez de vous relaxer complètement... Détendez tous les muscles de votre visage, relaxez votre nuque, votre poitrine, votre ventre, vos bras et vos jambes... Relâchez bien tout votre ventre... Pensez combien il est merveilleux d'être enceinte, de porter la vie... Vous vivez des mois extraordinaires et privilégiés ... Essayez ensuite de communiquer avec votre bébé... Parlez-lui, dites-lui des mots d'amour... Vous êtes si heureuse et très fière de devenir sa mère... Imprégnez-le d'amour, de beaucoup d'amour... Réalisez votre bonheur présent...

Puis remuez lentement les orteils, les doigts, étirez-vous en baillant et ouvrez les yeux.

Vous pouvez faire cette relaxation souvent jusqu'à la fin de votre grossesse, vous donnez ainsi tout votre amour à votre enfant, il est capable de le ressentir bien avant sa naissance.

13b. Pour préparer une femme à l'accouchement, il existe plusieurs méthodes, mais la plupart des techniques commencent l'entraînement seulement au septième mois de la grossesse, c'est beaucoup trop tard.

En sophrologie, nous préparons la femme enceinte le plus tôt possible, nous commençons dès que la grossesse est découverte. Il est important que, dès le début, la mère se sente pleinement responsable de sa grossesse et de la naissance de son enfant, que ce soit le moment le plus heureux de toute sa vie. Elle doit se préparer durant tous ces mois afin que le déroulement de son accouchement soit très positif. Il est faux de prétendre que la naissance se passera «sans douleur», un accouchement est un peu douloureux, mais la douleur ne sera pas négative et n'aura aucune importance si elle est acceptée et contrôlée. Avec une préparation bien faite, en suivant une méthode sophro-obstétricale créée spécialement à cet effet, la mère apprend à rendre parteillement ou même totalement indolore le col de sa matrice, l'endroit le plus douloureux lors de l'accouchement.

Une femme enceinte entraînée assez tôt peut se sentir responsable du moment de la naissance de son enfant, elle sera capable d'assumer entièrement son accouchement. Un gynécologue ou une sage femme doit être présent, mais il devrait intervenir seulement en cas de complications. La plupart des accouchements se déroulent tout à fait normalement mais, trop souvent, ils sont rendus compliqués par la médecine moderne. A la fin de la période de dilatation du col de l'utérus, une contraction normale a une pression de quinze kilos environ. A ce moment-là, la position dorsale de la femme est absolument fausse car, au lieu d'augmenter cette force de contraction vers l'extérieur, elle la neutralise ; une femme couchée ne peut pas bénéficier de ce mouvement naturel et doit utiliser sa force à elle pour la poussée. Par contre, en position accroupie ou assise le poids du bébé augmente encore cette pression de trois à quatre kilos et la contraction devient plus efficace, la naissance se réalise beaucoup plus rapidement, plus naturellement, et l'enfant souffre moins.

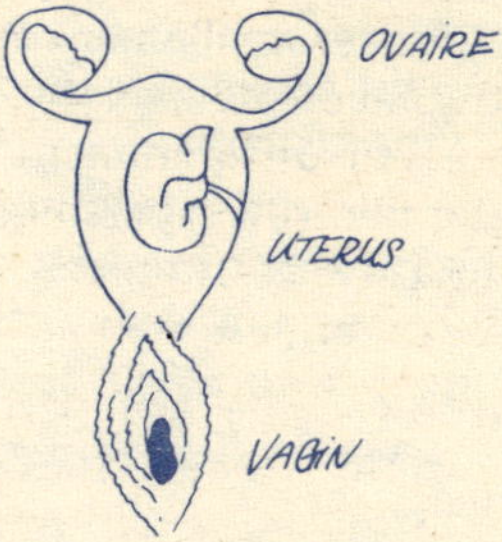

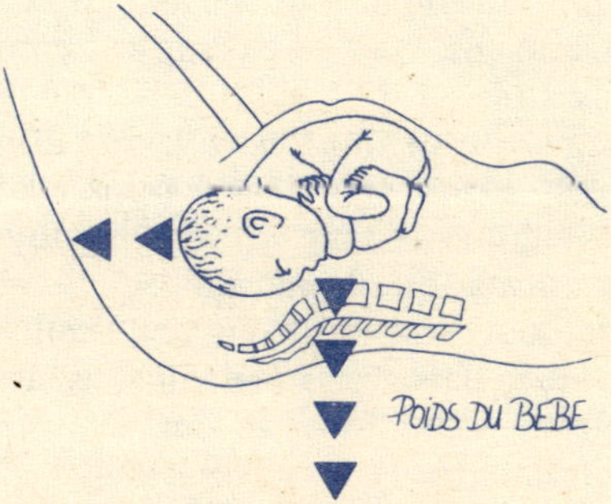

LA PLUS MAUVAISE POSITION POUR L'ACCOUCHEMENT

13c. L'accouchement sophrologique préconise la position accroupie au lieu de dorsale qui est certainement la pire de toutes car elle provoque une compression de l'aorte et peut créer des troubles graves pour le fœtus. En même temps, il se produit une compression de la veine cave inférieure obstruant ainsi la circulation de retour et provoquant chez la mère une hypotension et une tendance accrue aux hémorragies. La mobilité pelvienne est diminuée lorsque la femme a les pieds relevés, la force des contractions pour expulser la tête est diminuée du poids du bébé et la mère doit faire un effort beaucoup plus important. En plus, le risque de stagnation du liquide amniotique dans le vagin après une rupture prématurée de la membrane augmente le danger pour le fœtus de respirer ce liquide et il peut provoquer une infection bactérienne. Il a été prouvé que la meilleure position pendant la dilatation du col de l'utérus est de rester debout, en se promenant ; pendant les contractions, la femme s'agenouille et penche le haut de son corps en avant, cette position favorisant la fin de la rotation du fœtus. Au moment de l'expulsion, elle s'accroupit et trouve ainsi la force de poussée maximale.

Il est cependant très difficile de changer les habitudes des obstétriciens et cette méthode d'accouchement que préconise la sophrologie n'est pas acceptée facilement. Pourtant, plusieurs hôpitaux et cliniques commencent à l'utiliser avec succès.

La naissance d'un enfant est et doit rester naturelle. Malheureusement notre société l'a transformée en une situation pathologique et trop souvent chirurgicale. Il n'y a rien de plus normal que la naissance. Environ 92% des accouchements ne présentent aucune complication et pourraient encore se passer à la maison si les appartements étaient un peu plus fonctionnels. Certains médecins pratiquent automatiquement une césarienne alors qu'elle devrait être exceptionnelle et jamais systématique. Une césarienne est dangereuse spécialement pour les poumons du bébé et, dans 50% des cas, elle provoque des complications le plus souvent inutiles. La mortalité est augmentée 26 fois chez les femmes subissant une césarienne par rapport aux accouchements normaux qui ne provoquent pratiquement plus la mort de la parturiente. Aux États-Unis notamment, 25% des femmes accouchent par césarienne, c'est désolant car la plupart du temps cette chirurgie n'est absolument pas une nécessité.

13d. Un fœtus de quatre mois et demi est capable de tout entendre, le docteur Feijoo l'a prouvé scientifiquement. Pour cela, il a placé un haut-parleur sur le ventre d'une femme enceinte. Un son spécial grave a été diffusé, toujours le même, à trois reprises pendant cinq jours consécutifs. Après la naissance le même son était reproduit dès que le bébé commençait à crier, il s'arrêtait immédiatement de pleurer et souriait. Il faisait une régression dans le sein de sa mère où il avait mémorisé le son entendu pendant sa gestation. Il est donc certain que la femme enceinte ne devrait écouter que de la musique douce, classique, par exemple, car celle-ci peut avoir une influence positive sur l'enfant à naître comme pour l'être humain. La même expérience est valable également sur les plantes. Presque toute la musique moderne provoque des ondes destructrices qui peuvent avoir une action néfaste pour le fœtus. Dans le même ordre d'idée, le père et la mère ont la possibilité de parler clairement et à haute voix à leur futur enfant, il entendra leurs mots d'amour. A sa naissance, le bébé saura très vitre reconnaître les voix de ses parents, il les aura mémorisées et elles pourront l'apaiser, calmer ses angoisses.

J'ai préparé beaucoup de femmes à l'accouchement. Je présentais la méthode sophrologique à un groupe de confrères. Le sujet, femme médecin, était enceinte de huit mois. J'ai fait une sophro-acceptation-progressive, c'est-à-dire que cette femme imaginait tout son accouchement à l'avance, en état de conscience sophronique. Tout se passa très bien, elle réussit à «voir» le déroulement de son accouchement imminent, la naissance et son bébé parfaitement bien formé, c'était un garçon. Une année plus tard, elle revint suivre mon cours et me raconta son extraordinaire expérience, son accouchement s'était passé exactement comme elle l'avait imaginé pendant sa sophronisation (ce n'est pas toujours le cas). Son fils avait 10 mois et se trouvait dans le même hôtel avec sa grand-mère. Je lui demandai s'il lui était possible de venir avec son enfant le jour suivant, afin de montrer comment on peut utiliser la Sophrologie avec un bébé. Elle fut d'accord, mais elle m'avertit qu'il était timide, il avait peur des inconnus et il risquait de pleurer en présence de quarante médecins. Le lendemain, lorsqu'elle pénétra dans la salle de cours, son enfant se mit immédiatement à crier en voyant tous ces gens. J'allai vers lui et lui parlai doucement, je lui demandai pourquoi il était si effrayé. Il s'arrêta instantanément de pleurer et se mit à sourire. Inconsciemment, il avait reconnu ma voix, celle qu'il avait entendue une année plus tôt dans le ventre de sa mère.

13e. Après trois mois de grossesse, le fœtus est déjà entièrement formé, son corps est complet, y compris le sexe. Un éventuel défaut physique est développé avant cette période. Pour savoir si un bébé est physiquement normal, il est possible maintenant de faire une écographie ou une amniosynthèse, mais il existe une manière sophrologique de le contrôler. Habituellement, cette technique est réalisée seulement sous le contrôle d'un sophrologue, c'est lui qui parle :

> *«Détendez-vous aussi profondément que possible et fermez les yeux - concentrez-vous sur votre respiration et chaque fois que vous inspirez, pensez calme,*

paisible - ne pensez plus à l'environnement, essayez de prendre conscience de votre corps, pénétrez-le, voyagez à l'intérieur jusqu'au fœtus - vous êtes si heureuse d'être enceinte, d'avoir la possibilité de donner la vie - essayez de voir votre futur bébé - Examinez-le complètement, vous pouvez voir sa forme et regarder tous les détails de son corps, vous pouvez même voir son sexe - Puis, quand vous le voulez, vous pourrez respirer profondément, vous étirer et ouvrir les yeux.

En état de conscience sophronique, une femme enceinte peut réellement voir le fœtus dans son ventre, elle le voit complètement. Cela semble impossible, rationnellement, mais cette méthode est utilisée avec succès, en prévention, pour des femmes qui désirent s'assurer que leur enfant ne présente aucune anomalie physique.

Au dernier mois de la grossesse, la femme enceinte est bien préparée à la naissance de son enfant si elle a suivi les entraînements sophrologiques régulièrement. Elle est prête pour l'accouchement et le sophrologue peut faire avec elle une sophro-acceptation-progressive (SAP). Par la Sophrologie, la future mère pourra imaginer la situation à l'avance, en faire totalement l'expérience. Lorsque la patiente est complètement détendue, en état de conscience sophronique, le sophrologue lui dit :

« Vous êtes prête à accoucher. Vous êtes à la maison et vous commencez à sentir la première contraction, mais cela se passe uniquement dans votre esprit, vous ne subirez aucun changement physique pendant cette expérience - vous êtes prête à partir pour la clinique (ou l'hôpital) - votre mari vous accompagne en voiture (ou en taxi) - vous arrivez dans la chambre, vous êtes détendue, calme - chaque fois que vous avez une contraction vous vous relaxez encore plus profondément - vous êtes maintenant dans la salle d'accouchement, le col de votre matrice est

complètement indolore, vous êtes heureuse, prête à vivre cette naissance joyeusement, c'est l'un des moments les plus beaux de votre vie de femme.»

Puis, le sophrologue décrit les différentes phases de l'accouchement jusqu'au moment de la délivrance. La mère voit son bébé sur son ventre, elle le prend dans ses bras, et le serre contre son cœur.

Le sophrologue ensuite l'aide à imaginer le phénomène de la lactation, la façon dont elle pourra le nourrir et son retour à la maison dans la joie.

Puis la patiente prend le temps de ressortir de cette relaxation sophronique avant d'ouvrir les yeux.

Généralement, elle est épanouie, et n'a plus du tout peur, elle sait comment son accouchement va se passer, elle le connaît, et elle se réjouit de le vivre réellement.

XIV LA NAISSANCE

14a. Pendant sa grossesse, si la mère est préparée sophrologiquement, elle se sent responsable du succès de son accouchement. Elle en a fait l'expérience mentalement, elle sait comment contrôler la douleur, elle est capable de se détendre pendant les contractions et elle est psychologiquement prête à recevoir son bébé avec bonheur. Lorsque la femme est en travail, c'est le moment de s'occuper de la venue de l'enfant. Tout doit être mis en œuvre pour que le bébé souffre le moins possible pendant et après sa naissance. Si tout se passe normalement pendant la grossesse, l'accouchement et les quatre premiers mois après sa naissance, nous pouvons garantir un bon équilibre pour toute la vie de cet enfant même si plus tard, il ou elle rencontre de nombreux problèmes. Une acceptation totale de l'enfant pendant la grossesse, l'accouchement, l'allaitement du bébé aussi longtemps que possible, beaucoup d'amour avant, pendant et après la naissance, une bonne nourriture et beaucoup de joie sont les éléments de base d'un succès total pour la vie entière du nouveau-né. Vous pouvez imaginer la responsabilité de la mère, du père, du gynécologue et de la sage-femme. Toute erreur commise pendant cette période peut provoquer des troubles et des maladies plus tard, au moment de l'adolescence et même de l'âge adulte.

Les premières minutes de la vie d'un être humain sont capitales. Dès que l'enfant apparaît, la mère le prend elle-même et le pose sur son ventre. Elle commence immédiatement le dialogue. Seuls le père et la mère sont autorisés à lui dire des mots tendres, les autres personnes présentes restent silencieuses. Pendant tout l'accouchement, c'est le silence complet. La lumière est juste assez forte pour contrôler ce qui se passe. L'obscurité serait idéale, mais la sécurité est primordiale et c'est la raison pour laquelle une lumière douce reste nécessaire. Une légère musique peut être bienfaisante pour chacun, mais elle doit être choisie auparavant par la mère. Les parents caressent leur bébé très doucement. Le cordon ombilical n'est pas coupé avant qu'il ne cesse de battre, sauf en cas de nécessité médicale. Ainsi le changement de respiration du sang aux poumons peut s'établir tranquillement et graduellement. Lorsque le cordon n'est plus utile, il est coupé par le père de préférence.

Le bébé reste un certain temps sur le ventre de sa mère, dans la plupart des cas, il rampe naturellement vers le sein de sa maman et commence à téter. Le liquide sécrété à ce moment-là est le colostrum, il est très riche en anticorps et il protégera le bébé contre les microbes et les virus.

14b. Si le père a suivi les cours de préparation en compagnie de sa femme, il pourra lui donner son premier bain. Il caressera son bébé sous l'eau en reproduisant les contractions de l'utérus. L'enfant fait ainsi une régression dans le ventre de sa mère à la seule différence qu'il respire par ses propres poumons. Il commence à toucher son corps, il expérimente des sensations capitales telles que le toucher, la vue et l'ouïe. Il satisfait sa phase narcissique qui a déjà été partiellement comblée dans l'utérus. C'est seulement après ce bain, qui peut durer assez longtemps, que le bébé est habillé. Le père le rapporte alors dans les bras de sa mère et le berceau restera continuellement près de sa mère. On le sortira seulement au moment des visites. En sophrologie, on considère que le bébé ne doit pas être séparé de sa mère pendant les premiers jours de sa vie.

La description de cette naissance et des jours suivants est évidemment valable pour un accouchement normal. En cas d'incident ou de chirurgie ce n'est pas tout à fait la même chose. Très peu de naissances présentent des complications et nécessitent une intervention médicale, du moins cela devrait être tout à fait exceptionnel.

Le nouveau-né est nourri par sa mère, la nature a donné des seins aux femmes pour qu'elles puissent nourrir parfaitement leur enfant. Pendant sa préparation, la mère a été fortement motivée pour cela, l'école de sophrologie y attache une très grande importance. C'est un devoir, d'ailleurs agréable, pour les femmes de nourrir leur bébé et elles en sont toutes capables. Le lait maternel est la seule nourriture acceptable pour les nouveau-nés, sa qualité est incomparable, il est très riche en anticorps et protège le bébé des maladies infectieuses. Il n'existe aucune formule de même valeur et les produits de remplacement ne contiennent aucun anticorps. La composition du lait de vache convient très bien pour les veaux, mais en aucun cas il ne peut remplacer le lait maternel dont la structure est différente pour chaque femme et correspond exactement aux besoins de l'enfant.

14c. Si une jeune mère éprouve des difficultés pour nourrir son bébé parce que sa lactation n'est pas abondante, elle peut essayer l'exercice suivant :

- Étendez-vous et fermez les yeux, détendez tout votre corps en commençant comme d'habitude par le front, le visage, la nuque, les bras, la poitrine, l'abdomen, les jambes et les pieds. . . Pensez spéciale-

ment à vos seins, imaginez-les... Ils deviennent chauds, de plus en plus chauds... Cette chaleur augmente progressivement et restera encore longtemps après cette relaxation... Vous ressentez une sensation de chaleur et, en même temps, vous sentez une légère tension dans vos seins. Votre lait s'accroît, vous aurez toujours plus de lait, bien assez pour votre bébé... Vous avez une entière confiance en votre possibilité de le nourrir... Cette sensation de chaleur augmente encore et, lorsque vous aurez terminé cette détente, la chaleur persistera pendant plusieurs heures... Essayez d'être consciente que cette chaleur vous envahit... Puis, lentement, bougez les orteils, les mains, le visage, étirez-vous, respirez à fond et ouvrez les yeux.

La chaleur favorisera la montée du lait, vous pouvez donc vous détendre de cette façon avant chaque lactation.

Voici une autre technique :

- Mettez-vous en état de conscience sophronique en relaxant tout votre corps... Stimulez votre imagination... Concentrez-vous sur votre hypophyse... Cette petite glande est importante, elle se situe assez profondément sous le cerveau, entre les sourcils, juste au milieu du front... Elle sécrète une hormone qui commande la lactation. Cette hormone, nommée prolactine, provient du lobe antérieur de l'hypophyse et excite la sécrétion lactée... Imaginez que ce liquide coule et stimule vos glandes mammaires.

Ensuite, imaginez que vous nourrissez votre enfant... Vous avez beaucoup de lait, il est bon pour sa santé... Regardez votre bébé, il paraît si heureux dans vos bras... Pensez qu'à travers votre lait, c'est un flot d'amour que vous donnez à votre enfant... Vous êtes fière d'être mère et de nourrir vous-même votre fils (ou fille)... Conservez cette image pendant quelques instants et seulement lorsque vous l'aurez bien vécue vous pourrez ressortir de votre relaxa-

tion, lentement, comme les autres fois.

Vous pouver répéter cette détente plusieurs fois dans la journée, en imaginant la chaleur et les images décrites ci-dessus, votre lait deviendra certainement plus abondant.

14d. La naissance est toujours une expérience traumatisante pour l'enfant. Toutes les fonctions cérébrales existent déjà lorsqu'il est dans le ventre de sa mère. Tout est inconscient mais néanmoins actif, il voit, il entend et il éprouve des sensations. Il ne sait pas ce qu'il voit, entend ou sent, il n'en a pas conscience, mais a néanmoins des émotions et peut souffrir également. Si la naissance se passe normalement, dans le calme et la détente, le stress sera très faible et les traces laissées n'auront pas une grande importance dans sa vie future. Par contre, si la naissance est laborieuse et accomplie dans de mauvaises conditions, le stress ressenti par le bébé sera si profond que quelques années plus tard, voire après de nombreuses années, il pourra présenter un symptôme lié directement au traumatisme de sa naissance. Le vase se remplit plus ou moins, et le résultat de cette eau symbolique peut apparaître beaucoup plus tard sous la forme d'une maladie fonctionnelle, comme l'asthme par exemple.

Lorsque quelqu'un présente une maladie due aux effets catastrophiques d'une naissance pénible, il est nécessaire d'effectuer une thérapie capable d'éliminer le stress trop important de son entrée dans la vie. Il existe différentes thérapies psychologiques à cet effet, comme la méthode du «rebirthing» (re-naissance) de Orr, ou la thérapie primale de Janov. En sophrologie, nous utilisons une technique nommée «sophromnésie».

Dans l'état de conscience sophronique, on perd complètement la notion du temps et de l'espace. Il se produit une parfaite synchronisation du temps - passé - présent - futur - ils deviennent simplement le présent. Lorsqu'il est dans cet état, «au bord du sommeil», nous demandons au patient de regarder devant lui un livre qui raconte l'histoire de sa propre vie. Chaque page représente un jour de son existence. En retournant les pages, il est capable de vivre émotionnellement plusieurs événements de son passé. Quand nous arrivons à la première page, celle de sa naissance, nous demandons au patient d'essayer de revivre ce moment, comme si elle avait lieu «ici et maintenant». On insiste sur le fait que cette épreuve ne laissera aucune trace, elle n'aura aucune incidence sur sa vie future. Très souvent, le patient souffre énormément, il crie, il suffoque, il vit sa naissance comme une réalité. Cette méthode a une action thérapeutique très forte, elle libère le patient d'un traumatisme très profondément ancré en lui, et ne doit être utilisée que par des sophrologues très entraînés. Avec les adolescents, nous employons d'autres techniques qui seront décrites plus loin.

14e. Immédiatement après sa naissance, comme nous l'avons précédemment expliqué, le bébé est placé sur le ventre de sa mère, seuls ses parents parlent, lui susurrant des mots d'amour. La naissance est un acte d'amour. Les autres enfants de la famille peuvent aussi assister à la naissance, mais auparavant, il est nécessaire de leur donner quelques indications et une préparation spéciale. Une étude particulière a été faite sur cette possibilité, mais elle n'est pas encore employée régulièrement.

Par contre, dès que le petit frère ou la petite sœur viennent à la maison, les aînés sont invités à le (la) toucher doucement. Les parents caressent leur bébé et lui parlent, le silence règne dans la pièce, même en présence d'autres enfants. Nous savons que lorsqu'on caresse un animal, ses anticorps augmentent ; il se passe le même phénomène chez les êtres humains, d'où l'importance des caresses. De plus, la première phase psychologique du développement sexuel (selon Freud) est la phase narcissique où l'enfant va satisfaire sa libido à travers les caresses.

Le fait de toucher son bébé est une action très importante de communication non-verbale, c'est aussi un moyen de lui transmettre son amour.

Comme à la naissance, le père peut continuer à baigner son bébé. La mère est présente et elle le caresse aussi. Si le père n'a pas le temps, il est bon qu'il le fasse au moins quelquefois. Le bébé est fasciné par son nouveau monde, il regarde autour de lui, il touche son propre corps et essaie de toucher les mains qui le tiennent, il fait de petits bruits, il écoute sans comprendre, il découvre tant de choses, sa nouvelle manière de respirer, la lumière, un univers tout neuf. Le bain peut durer au moins quinze minutes. Lorsque l'enfant est habillé, ses parents continuent le dialogue et les caresses. Le berceau est placé près du lit de la mère et va rester là tout le temps, pendant plusieurs mois. On ne met plus les bébés dans des chambres à part où ils se sentent isolés et délaissés. Un enfant a besoin de sa mère continuellement les premiers mois de sa vie. Il est nourri seulement lorsqu'il en manifeste le désir, on n'établit plus d'horaire fixe, on essaie plutôt de suivre son instinct. Petit à petit, l'enfant adoptera les habitudes de la famille.

XV LES NOUVEAUX-NÉS

15a. Une mère et son bébé ne font qu'un. Un nouveau-né ne sait pas qu'il y a une différence entre lui et sa mère, il vit dans un monde de projection psychologique totalement inconditionnelle. Toutes les émotions d'une maman sont éprouvées par son bébé, le stress de sa mère est aussi le sien aussi longtemps que son ego n'est pas développé. Une mère détendue aura un enfant détendu, mais si elle est névrosée, son bébé le sera aussi. Une forte relation s'établit entre la mère et son enfant, sans paroles, la présence suffit. L'enfant ressent les tensions maternelles, son intuition est très prononcée, son hémisphère droit n'a pas encore été inhibé par l'éducation et les conditionnements de la société.

Un autre langage, plus fort que la parole, est le toucher, le contact physique. La mère peut parler à son bébé avec ses mains, avec son corps et, de la façon dont elle le touche, il sera à même de comprendre ce langage viscéral mieux que les mots. Il est donc très important de caresser régulièrement un nouveau-né, mais seulement dans la détente, jamais stressé. Avec les méthodes de Sophrologie, une mère peut apprendre à être toujours relaxée, même dans des moments de tension provoqués par ses problèmes journaliers.

Tandis que vous caressez votre enfant et que vous lui parlez doucement, vous pratiquez une technique de prévention très importante en vue de maintenir votre bébé en bonne santé. Premièrement, vous lui donnez de l'amour, ensuite vous lui communiquez votre calme et votre paix intérieure, puis vous augmentez la quantité de ses anticorps, protection indispensable contre les microbes et les virus.

En Inde, la plupart des femmes pratiquent ce que le docteur Leboyer nomme le «Shantala». La mère, nue, s'assied sur le plancher, son bébé également nu sur ses genoux, elle lui prodigue pendant au moins dix minutes, chaque jour, un massage complet avec une huile, de coco par exemple, en lui chantant des chansons douces ou en lui parlant tout doucement. Cette manière de faire est une excellente prévention.

C'est aussi la meilleure façon de commencer la Sophrologie avec les enfants. Un bébé qui vit cette expérience tous les jours jusqu'à l'âge de deux ou même trois ans sera probablement protégé toute sa vie contre les troubles fonctionnels. En plus, ses capacités mentales seront augmentées considérablement et, à l'âge adulte, il saura ce que veut dire le mot : AMOUR.

15b. L'enfant a une très grande imagination qui provient de l'hémisphère droit de son cerveau. Malheureusement, notre système d'éducation anéantit progressivement cette imagination créative et la remplace par le rationalisme, des réflexes conditionnés, et c'est surtout l'hémisphère gauche qui travaille.

Avec des jeunes enfants, nous adaptons différentes techniques de sophrologie pour maintenir et surtout stimuler la créativité, l'imagination et développer leur intuition, en un mot, pour entretenir les fonctions du côté droit de leur cerveau afin qu'il ne soit pas complètement délaissé comme chez la plupart des adultes. Dès que les enfants sont capables de comprendre notre langage, nous pouvons utiliser les méthodes de Sophrologie. La seule condition est de leur parler comme si nous étions encore des enfants nous-mêmes.

Lorsqu'un enfant présente une maladie fonctionnelle, ce qui arrive assez souvent chez des bébés de moins de 5 ans, nous traitons généralement la mère car il est certain que, dans la plupart des cas, la cause du symptôme que présente l'enfant n'est rien d'autre que la projection des tensions maternelles ressenties profondément par l'enfant. Après 5 ans, nous pouvons essayer une thérapie avec ou sans la mère.

Voici un cas clinique où une thérapie a été effectuée avec une femme dont l'enfant était malade. Peter, quatre ans, a de l'asthme. Sa mère a vingt-deux ans, elle est très anxieuse et tout son corps est sous tension. Lors de l'entretien, je découvre que cet enfant n'était pas désiré : " - C'était un accident, je me sentais trop jeune pour être mère." Elle aime beaucoup s'amuser, elle sort pour aller danser et laisse souvent son enfant seul à la maison le soir. Une fois, Peter s'est réveillé, il s'est mis à pleurer et à appeler sa mère. Personne n'est venu, ses parents étant absents.

Il a eu sa première crise d'asthme quelques jours plus tard, il avait alors deux ans. Nous avons traité la mère afin qu'elle ait envie d'accepter son fils, complètement, qu'elle puisse l'aimer assez pour ne plus avoir la tentation de le laisser seul pendant la nuit. Nous avons effectué ensemble des méthodes sophrologiques très régulièrement, en présence de Peter qui jouait paisiblement sur le tapis. Peu à peu, cette mère est devenue beaucoup plus paisible, elle a commencé à vraiment aimer son fils et, sans aucune autre thérapie, Peter a été entièrement guéri.

Un symptôme a une signification symbolique, l'asthme par exemple veut très souvent dire : " - Je t'en prie, ne me laisse pas seul ! " C'est également vrai pour les adultes.

15c. Il est facile de relaxer les enfants, le mieux étant de leur dire que nous allons jouer. Nous leur demandons de se coucher par terre, dans n'importe quelle position.

- Je vais te raconter une histoire, une histoire merveilleuse et, pour mieux l'écouter, tu vas fermer les yeux. . . Dès que tes yeux sont fermés, tu te trouves dans une forêt avec ton meilleur ami, ou avec tes parents, comme tu veux. Il y a de belles fleurs et tu peux voir le soleil à travers les arbres. Une fleur est plus grande que les autres, tu te penches vers elle pour la respirer, elle sent bon, elle a de belles couleurs. Tu peux la cueillir, maintenant, et l'apporter à ta maman (nous devons nous assurer auparavant que chaque enfant a sa mère). Devant toi, tu vois un lapin, il court dans l'herbe, regarde, il vient vers toi, il vient tout près, tu peux le toucher et même le caresser. Il est tout doux, tu peux toucher son dos et ses oreilles, doucement, sens comme il est chaud. Prends-le dans tes mains, mais fait bien attention de ne pas le laisser tomber.

Nous permettons aux enfants de jouer avec le lapin ou avec tout autre animal. Lorsqu'ils ouvrent les yeux, ils sont tout surpris de se trouver ailleurs que dans la forêt, leur imagination a remplacé la réalité par l'histoire racontée.

Selon l'idée de Maïsou Robert-Dantec, voici un autre exemple ; il s'agit d'un conte de fées, très connu, raconté avec une voix douce aux enfants.

- Ferme les yeux, c'est mieux car si tu les laisses ouverts tu regardes tes petits camarades et tu ne peux pas bien écouter l'histoire. . . Il y avait une fois une très belle femme qui vivait dans un château. Elle savait qu'elle devait avoir bientôt un enfant. Elle regardait par la fenêtre, elle a vu passer un corbeau et elle a pensé : mon bébé aura des cheveux noirs, de la même couleur que cet oiseau et sa peau sera blanche, aussi blanche que la neige pendant l'hiver.

Lorsque sa petite fille vint au monde, elle lui donna le nom de Blanche-Neige.

Nous continuons le conte en incorporant peu à peu les enfants dans l'histoire.

Blanche-Neige court dans la forêt, tu cours avec elle, tu l'accompagnes parce que tu ne veux pas la laisser seule. Tous les animaux de la forêt vous accompagnent, vous courez tous ensemble. Au commencement, tu avais un petit peu peur, mais maintenant tu les connais et tu les aimes bien tous ces animaux. Blanche-Neige est devenue ton amie et tu es très heureux... Devant toi, tu vois maintenant une belle petite maison, au milieu de la forêt, il n'y a personne. Tu visites la maison, tu vois des petits meubles, tout est petit. Tu es fatigué car tu as beaucoup couru sur les chemins, tu as bien envie de dormir. Tu te couches dans un des petits lits et tu sens ton corps devenir lourd, toujours plus lourd, etc...

Une séance ne doit pas durer plus de quinze minutes. A la fin, nous demandons aux enfants de bien s'étirer et de respirer profondément avant d'ouvrir les yeux. Ceux qui le désirent racontent à leurs camarades ce qu'ils ont imaginé et ressenti éventuellement dans leur corps.

15d. Un enfant doit apprendre à connaître son corps, à l'accepter et en même temps à le maîtriser. Pendant les séances de sophronisation, il est très important que les enfants puissent prendre conscience de leur corps par rapport à celui de leur mère et en relation avec l'univers. Voici un moyen de l'expérimenter.

- Lève-toi et ferme les yeux. Pense à ton corps, il est debout, entre le ciel et la terre. Tout le poids de ton corps repose sur tes deux pieds. Tu peux mettre tes mains sur ta tête, touche lentement toute ta tête, tes cheveux, ton front, tes yeux, ton nez, ta bouche, tes joues, tes oreilles, ton cou. Puis tu touches tes

épaules, tes bras, ta poitrine, ton dos ou la partie de ton dos que tu peux atteindre avec les mains. Touche aussi ton ventre, ton sexe, tu es content d'être un garçon, une fille. Touche encore tes cuisses, tes genoux, tes mollets et tes pieds. Relève-toi maintenant et imagine ton corps debout, il est grand, il s'élève vers le ciel. Ton corps est entouré d'air, essaie de sentir l'air qui frôle ton visage, il entre aussi dans ton nez, c'est comme si tu nageais dans l'air, etc. A la fin, nous leur demandons de s'étirer complètement et d'ouvrir les yeux.

Dans cet exercice, l'enfant reconnaît son corps. Nous pouvons lui demander aussi d'imaginer ses petits camarades dans la salle, qui sont debouts comme lui, il prend conscience des autres.

Beaucoup de méthodes sophrologiques peuvent être adaptées aux enfants. Le thérapeute parle continuellement, d'une voix douce et monotone, il emploie un langage simple. Voici un autre exercice en position verticale.

- Tu es debout, comme un arbre, mais ton corps n'est pas rigide, il est souple. Ta tête est dans le vent et, comme un arbre, tu te balances légèrement d'un côté à l'autre. Essaie de sentir le vent, tes racines sont si fortes que même un vent violent ne peut pas te déraciner car tu es un arbre jeune et en bonne santé... Imagine maintenant que tu es dans une boîte. Tu ne veux pas y rester et tu essaies de soulever le couvercle. Pour cela, tu inspires profondément, tu prends autant d'air possible dans tes poumons et, quand tu es rempli d'air, tu pousses le couvercle avec tes deux mains de toutes tes forces, tu pousses très fort, c'est difficile, et hop, le couvercle est parti. Quand tes bras sont tendus vers le ciel, tu peux sentir comme tu es grand, tu touches presque le ciel, les nuages, les étoiles, etc. Finalement, comme d'habitude, les enfants s'étirent, respirent profondément et ouvrent les yeux.

On peut continuer l'exercice en demandant aux enfants de se débarrasser des côtés de la boîte, etc.

Cette méthode a été proposée par Madame M. Robert-Le-Dantec, psychologue spécialisée en sophrologie pour les enfants.

15e. Un pédiatre espagnol très connu, le Docteur Espinosa Aroca a été le premier à pratiquer la relaxation dynamique de Caycedo avec des enfants. Il a obtenu d'excellents résultats avec des groupes d'enfants asthmatiques et réalisé un film sur ses techniques. Pour cela, il a reçu la médaille d'or à un congrès international de pédiatrie à Buenos-Aires. La plupart des enfants aiment les exercices de dynamique, c'est un jeu pour eux. Nous essayons d'utiliser le moins de suggestions possible pour laisser les enfants développer et stimuler leur propre imagination et leur créativité.

- Assieds-toi bien sur ta chaise, les pieds à plat sur le sol et les mains détendues sur tes genoux et ferme les yeux. Imagine que tu es en train de regarder un dessin animé à la télévision. Pendant que tu regardes ton écran, ton corps devient lourd sur ta chaise, toujours plus lourd et détendu, tu es très calme. Après quelques minutes, nous commençons les exercices de dynamique, par exemple :

Inspire autant d'air que possible, garde cet air dans tes poumons et mets ta tête en arrière puis, en expirant, remets lentement ta tête à sa place. Ensuite, inspire à nouveau profondément et, en retenant l'air, penche ta tête en avant puis expire lentement en redressant ta tête. Pense à une image très belle.

Ce mouvement est répété plusieurs fois. Cet exercice, accompagné d'une respiration synchronique augmente la quantité du sang dans le cerveau. Le sang est fortement oxygéné par la rétention de l'air pendant le déplacement de la tête et le fonctionnement du cerveau en sera amélioré.

Nous pouvons continuer l'exercice ainsi :

- Inspire - tends les bras devant toi - expire lentement en remettant les bras le long du corps. Inspire - tends les jambes en avant - expire en repliant lentement tes jambes et en reposant les pieds sur le sol. Relaxe-toi. (On peut répéter chaque exercice trois fois en se relaxant bien entre chaque mouvement). Tu sens bien tout ton corps, il est beau, tu es bien détendu. Tu peux voir de très belles images dans ta tête, tu vois des couleurs, des formes, peut-être des paysages où tu joues avec tes amis. Tu te vois aller à l'école, tu aimes l'école car tu as du plaisir à apprendre des choses nouvelles. Tu aimes bien ta famille, ta maison, ton quartier, etc. Finalement, les enfants s'étirent, respirent plusieurs fois à fond et ouvrent les yeux.

Nous pouvons préparer ainsi de jeunes enfants à aimer l'école, les devoirs, à apprécier leurs petits camarades. Nous pouvons aussi les aider à accepter un petit frère ou une petite sœur.

Il est important de préparer un enfant à la naissance d'un bébé dans sa famille car souvent il croit que sa mère va l'abandonner et pense : " - Je déteste ma mère, elle ne m'aime plus, je ne veux pas de ce bébé qui va prendre ma place." Très souvent, il tombe malade, c'est une réaction de défense, la façon dont l'inconscient manifeste sa frustration. La Sophrologie, par des méthodes appropriées, peut équilibrer les relations et harmoniser toute la famille.

XVI L'ADOLESCENCE

16a. En 1975, nous avons commencé en Suisse une expérience très intéressante avec des adolescents. Pour la première fois nous avons organisé un séminaire de quatre jours avec 80 jeunes gens et jeunes filles. Les résultats ont été extraordinaires et inattendus. Depuis cette expérience positive, l'Association Suisse de Sophroprophylaxie organise régulièrement de tels séminaires. Pendant quatre jours, nous donnons des cours théoriques et nous faisons beaucoup d'exercices pratiques. Les cours commencent à neuf heures le matin et se prolongent en général jusqu'à minuit. Au début, nous avons une discussion générale avec tous les participants qui viennent de diverses classes de la société et endroits de la Suisse romande. Voici à peu près comment cela commence :

«Vous n'êtes ici ni à l'école ni à la maison, nous ne sommes ni vos professeurs ni vos parents. Pendant ces quatre jours que nous allons passer ensemble, vous êtes entièrement libres, je répète, probablement pour la première fois de votre vie, vous êtes complètement libres. Vous n'êtes pas obligés d'être présents aux cours, si vous préférez aller vous promener, vous pouvez le faire. Au lieu de rester assis sur vos chaises, vous pouvez choisir la position qui vous convient. Mais avant que vous fassiez quoi que ce soit, nous allons trouver une définition de la liberté».

Qu'est-ce que la liberté ?

Nous recevons différentes réponses telles que :
«- Etre libre, c'est faire ce que l'on veut, quand on le veut - c'est aller là où on a envie d'aller - c'est désobéir à nos parents - c'est ne pas aller à l'école si on n'en a pas envie, etc».

Finalement, nous trouvons la définition suivante : «Etre libre, c'est faire ce que l'on désire sans déranger les autres».

Une fois cette définition acceptée par tous, nous disons aux adolescents que, pendant quatre jours, il seront entièrement libres.

Généralement ces séminaires ont lieu dans une petite ville, le plus souvent à Delémont. Les filles dorment dans des chambres confortables à un ou deux lits et les garçons sont logés dans une maison avoisinante disposant d'un grand dortoir. Jusqu'à présent, nous n'avons jamais eu de problèmes pendant les nuits. Les garçons comprennent très vite qu'essayer de faire des visites nocturnes aux filles n'est pas inclus dans le principe de liberté, cela dérange les responsables du cours et dépasse la définition de la liberté acceptée par tous.

16b. Le soir, nous pratiquons ce que nous appelons la Terpsychore-Trans-Thérapie, ou T.T.T. Il s'agit d'une thérapie par la danse. Terpsychore est la muse de la danse et Trans veut dire à travers. La méthode nous vient du Brésil. Le docteur David Akstein, en observant les différentes méthodes telles que Ubanda - Macumba - Quibanda - Condomble, a remarqué que ces danses pouvaient avoir une action thérapeutique. Le son de la musique est très important, ainsi que le rythme. Il a été prouvé que les tambours africains donnaient les meilleurs résultats. Ce genre de musique joué dans une serre permet aux plantes de croître plus rapidement ; si les effets sont positifs sur les plantes, qui sont vivantes, il semble normal que les êtres humains y soient aussi sensibles et réagissent de façon positive à ces rythmes. La qualité de la musique, dans la T.T.T. n'a aucun relation avec la musique «pop» qui, elle, peut être très destructrice. Une séance de T.T.T. dure environ quarante-cinq minutes. Le rôle du sophrologue est très important, il est souvent difficile et épuisant.

Imaginez une salle complètement vidée de tous les meubles, avec une vingtaine d'adolescents debouts, les yeux fermés, pieds nus et vêtus simplement d'un T-shirt et de jeans. Il n'y a que le sophrologue qui parle :

«Nous allons faire une expérience dans laquelle vous serez absolument libres, tout est permis. Les yeux fermés, vous vous détendrez complètement, vous allez danser, relaxés et accompagner le rythme avec tout votre corps. Vous serez dans la situation d'un être sain, en relation cosmique avec le ciel et la terre.» Nous laissons les adolescents se détendre et entrer eux-mêmes en état de conscience sophronique. Puis nous leur demandons de respirer profondément, et toujours plus vite, en inspirant par le nez et en expirant par la bouche. Cette respiration rapide crée un changement chimique (alcalose) et facilite le changement d'état de conscience. La musique et la danse commencent, le sophrologue arrête de parler, et passant de l'un à l'autre il les fait tourner en posant sa main sur leur tête.

Une quantité d'émotions se produisent pendant la danse. Quelques participants dansent avec plus ou moins de frénésie, d'autres pleurent et certains crient et deviennent très agressifs. Dans ce cas, le sophrologue isole la personne agitée et place un matelas devant lui en lui disant d'y donner des coups de poings et des coups de pieds, de vider toute son agressivité s'il en a envie. D'autres tombent spontanément et on les étend sur un matelas, un peu à l'écart des danseurs. Des personnes entraînées aident le sophrologue et, sans parler, elles essayent d'éviter les collisions et de protéger les danseurs de ceux qui deviennent trop excités.

Après 45 minutes, la musique s'arrête et chacun se couche sur le sol, à la place où il se trouve gardant les yeux fermés. Divers moyens sont alors utilisés comme par exemple la prise de conscience du corps, de la vie. Parfois nous profitons de libérer le traumatisme de la naissance.

- *Votre corps est fatigué... Il n'y a plus espace, ni temps... Le temps recule, vous êtes de plus en plus jeune, vous redevenez tout petit, vous avez 6 ans... 3 ans... une année... vous êtes un bébé... un nouveau-né... vous êtes dans le ventre de votre mère...*

A ce moment-là, la plupart des jeunes prennent spontanément la position du fœtus et certains sucent même leur pouce.

- *Écoutez les bruits autour de vous, appréciez ce moment de paix et peut-être de grand bonheur... Vous êtes prêt pour votre naissance, vous allez imaginer cette aventure, ici et maintenant. (Le sophrologue garde le silence un long moment et contrôle chaque adolescent, certains souffrent et ont de la peine à respirer, d'autres assistent à leur naissance dans le calme).*
- *Maintenant vous êtes heureux d'être né, vous êtes un joli bébé, essayez de vous rappeler une scène heureuse de votre enfance... Vous grandissez et vous arrivez à la date d'aujourd'hui...*

Bien sûr, le processus se fait beaucoup plus lentement. Nous ne donnons ici qu'un bref résumé d'une séance.

- *Vous êtes dans le présent et vous essayez d'imaginer une situation de votre proche avenir, un test, une compétition sportive, un examen ou ce que vous désirez.. Imaginez votre succès futur... (on laisse assez de temps). L'énergie va revenir dans vos pieds et dans tout votre corps, serrez les poings, étirez-vous copieusement, avalez votre salive, respirez profondément et, lentement, quand vous en aurez envie, ouvrez les yeux.*

Après la séance, les jeunes sont très tranquilles et méditent sur ce qu'ils ont expérimenté. Ils restent sans dire un mot pendant environ un quart d'heure avant de réaliser ce qui vient de se passer. Nous ouvrons alors une discussion où tout le monde peut s'exprimer, s'il le désire, et dire ce qu'il a ressenti.

16c. Pendant un séminaire de quatre jours, chaque adolescent pratique la T.T.T. deux fois. La première fois, il n'est pas complètement libéré, il garde partiellement son contrôle. C'est compréhensible, il fait une expérience toute nouvelle pour lui et doit s'habituer à cette danse rythmée et à cette atmosphère. La deuxième fois, il appréciera mieux la séance, il pourra faire éclater ses inhibitions. Notre expérience, basée sur environ un millier de cas, aboutit à des résultats très positifs. La plupart des participants revivent émotionnellement leur naissance et se libèrent d'une grande partie de leur agressivité excessive. Le jour suivant, nous pouvons observer un changement très net dans leur comportement. Ils sont plus calmes, plus tranquilles, plus attentifs durant les cours. Leurs relations changent, ils se comprennent mieux et font un nouveau pas les uns vers les autres.

Il faudrait plusieurs pages pour décrire en détails tous les changements observés après deux séances de T.T.T. En plus, pendant la journée, nous pratiquons différentes techniques de sophrologie, parmi lesquelles le Training Autogène Modifié (TRAM) et la Relaxation Dynamique. Ces séances pratiques aident les adolescents à préparer positivement des examens, une future profession et surtout à affronter la vie joyeusement.

Dans la pratique théorique, nous parlons des problèmes liés à leurs parents, leurs amis ou professeurs. Nous expliquons combien l'amour est important, et tous les problèmes sont abordés. Des exercices pratiques sont consacrés à la dépendance aux drogues et à la fumée. Nous parlons de la situation psychologique reliée à l'habitude de la drogue et ce qui peut arriver à la longue quand elle est consommée régulièrement. Sans les critiquer ou faire de la morale, nous essayons d'augmenter leur motivation pour les aider à perdre leurs mauvaises habitudes concernant une accoutumance néfaste pour leur santé. Dans ce domaine, nous obtenons d'excellents résultats, la plupart des jeunes cessent de fumer après le séminaire et les adeptes de la marijuana arrêtent aussi ; ceux qui prennent des drogues dures demandent qu'on les aide et ils commencent une thérapie privée dès la fin des cours. Dans bien des cas, les succès sont encourageants, mais ce n'est pas facile. Ce qui est sûr, c'est qu'il est possible de réussir si nous leur donnons assez de temps et d'amour.

16d. Une des méthodes utilisées avec les adolescents se déroule ainsi :

- Mettez vous debout devant votre chaise, en position orthostatique, c'est-à-dire en utilisant uniquement les muscles nécessaires pour vous maintenir en équilibre, et fermez les yeux... Essayez d'éliminer de votre pensée tout l'environnement, et plongez dans votre corps, imaginez votre position entre ciel et terre... Respirez-vous par le ventre ? Sinon, changez... Vous êtes dans la situation d'un être sain, lorsque vous inspirez, vous apportez de l'énergie dans votre corps, vous prenez force et confiance ... Pendant que vous expirez, vous éliminez de votre corps vos inhibitions, vos mauvaises habitudes, tout ce que vous avez de négatif ... Progressivement, vous relaxez tous les muscles de votre corps, détendez-vous complètement... Vous allez expérimenter un changement de conscience où vous perdrez peu à peu la notion du temps et de l'espace... Pour augmenter l'oxygène dans votre cerveau, inspirez le plus d'air possible, remplissez votre ventre, vos

poumons, vos épaules et, quand vous avez le sentiment d'être comme un ballon, expirez lentement... Imaginez que votre cerveau sous votre crâne est comme un ordinateur fantastique dans lequel vous allez être capable de mettre autant d'informations que vous le désirez ... Votre mémoire va s'intensifier et vous aurez la faculté d'apprendre des choses nouvelles... Votre concentration sera plus constante... Vous serez motivé afin de changer la négativité et épanouir votre personnalité...

Puis sans ouvrir les yeux, asseyez-vous sur la chaise, dans cette position, vous vous relaxez encore plus profondément... Contrôler vos tensions, détendez tous les muscles de votre visage, de votre nuque, laissez tomber les épaules, relaxez tout votre corps. Sentez son poids sur la chaise, devenez sensible à l'attraction terrestre... Respirez lentement et profondément par le ventre... Chaque fois que vous expirez, vous vous relâchez un peu plus... Quittez maintenant votre corps et regardez-vous, tournez autour de vous-même en pensée, vous pouvez vous voir assis, visualisez-vous entièrement... Le temps n'existe plus, vous pouvez vous projeter dans le futur et vous imaginer en adulte accompli... Vous êtes un adulte et vous exercez une profession, peut-être avez-vous fondé un foyer et vous avez des enfants... Vous expérimentez cette situation ici et maintenant comme une réalité, mettez ce programme positif dans votre cerveau... Regardez-vous complètement détendu et appréciez cette situation positive dans votre avenir... Lorsque vous l'avez bien imaginée, revenez à l'endroit où vous vous trouvez actuellement, respirez profondément, plusieurs fois... Avalez votre salive, étirez entièrement tout votre corps... Alors seulement, vous pouvez ouvrir les yeux.

XVII LES ADULTES

17a. D'après les statistiques, le stress porte un véritable coup de poignard à l'industrie. Chaque année, 21 millions de jours de travail et 8,6 milliards de dollars en salaires sont perdus à cause des maladies cardiaques. Sans compter 10 à 20 milliards de dollars dépensés en congés maladie, hospitalisation, morts précoces, et tout cela surtout parmi les responsables d'entreprises. L'alcoolisme et la drogue coûtent cher également, annuellement 15,5 milliards de dollars couvrent les frais des soins médicaux et les pertes provoquées par l'absentéisme (U.S.A.).

Les différentes techniques de la Sophrologie permettent de prévenir les accidents cardiaques et de retrouver la santé en se débarrassant de mauvaises habitudes telles l'utilisation de drogues, du tabac et de l'alcool comme palliatif à des agressions de toutes sortes.

Il est connu que le 100% des gens qui s'adonnent aux drogues sont déprimés et malheureux. Au début, cela paraît bien agréable et ne semble pas dangereux, mais la cote d'alerte est atteinte quand on devient dépendant d'un geste non contrôlé. Quiconque dépend du tabac, de l'alcool ou de n'importe quelle autre drogue - dure ou douce - est psychologiquement faible et incapable de s'intégrer à la société. C'est une manière de fuir les responsabilités et de refuser inconsciemment de vivre.

La seule façon de s'en sortir est de réfléchir, essayer de comprendre ce qui ne va pas dans sa vie et apprendre à s'assumer entièrement, car chacun est le garant de sa santé et de son bien-être.

Peut-être souffrez-vous de solitude et la drogue est une sorte de compensation ? Vous pensez que vous ne pouvez rien entreprendre pour y remédier, car cela dépend des autres qui vous délaissent.

Et voilà bien la cause profonde de ce mal-être qui ronge l'humanité : Le manque d'amour.

17b. L'amour est très important, c'est un concept fondamental, c'est l'essence même de la vie. Nous avons besoin de l'amour pour entretenir notre vitalité, l'amour de soi-même, l'amour pour les autres et aussi l'amour des autres.

Par exemple, si vous êtes abattu, incommodé, fatigué, mal fichu, patraque, souffrant, etc., vous êtes par définition malade, et vous consultez un médecin. Ceci pour deux raisons : la première est parfaitement consciente, vous allez chez le médecin afin qu'il vous prescrive un médicament qui, vous l'espérez, va vous guérir ; la seconde raison est inconsciente et complètement différente, vous allez chercher la compréhension, un peu de chaleur humaine.

Si le médecin ne fait que vous examiner rapidement, que prendre votre pression et votre pouls, et que vous repartiez avec une ordonnance dans la poche, vous serez satisfait dans votre démarche consciente mais, inconsciemment, vous serez frustré. Ce que vous désirez réellement de votre médecin, c'est de l'attention, une relation amicale, en fait vous quémandez de l'amour. Un amour qui n'a rien à voir avec la sexualité, simplement une relation morale. Votre maladie, dans la plupart des cas, est le résultat d'un manque d'amour. Ne pas donner ni recevoir de tendresse provoque automatiquement une maladie, à plus ou moins courte échéance.

De nos jours, nous avons complètement oublié la définition de l'amour et la plupart des gens confondent AMOUR et SEXE, ce qui les rend d'ailleurs malheureux et souvent malades. Beaucoup pensent que, pour être équilibré, il faut être très actif sexuellement. Mais si l'amour est absent, c'est plutôt nocif et peut même devenir dangereux pour la santé, aussi bien physique que mentale. Bien sûr, le sexe peut augmenter un sentiment d'amour et même le renforcer, il est partie intégrante de la vie. Mais la sexualité uniquement pour elle-même peut être à la base de maladies névrotiques.

Le manque d'amour peut amener à la schizophrénie. Sans aller jusque-là, cette privation est très souvent remplacée par un abus de drogue, de tabac, d'alcool ou de médicament. Toutes ces substitutions sont très nocives et ne sont rien d'autre qu'un suicide inconscient.

En somme, nous pouvons dire que les alcooliques, les drogués, les grands fumeurs et les personnes dépendantes des médicaments se tuent elles-mêmes, lentement, inconsciemment.

Si vous faites partie de l'une ou l'autre de ces catégories, essayez simplement de trouver l'amour, il existe, en vous et autour de vous. Ce sera la meilleure façon de retrouver une parfaite santé, de la conserver, et de ne pas vous détruire.

17c. La Sophrologie a occasionné bien des changements dans ma vie, qui pourtant ne me paraissait pas inintéressante. J'ai commencé à pratiquer la Sophrologie en 1963. Non seulement je me suis senti beaucoup plus décontracté physiquement et mentalement, mais j'ai pu apporter des changements à ma personnalité, ma façon de vivre et de penser. J'ai l'impression d'être devenu plus calme, plus ouvert, davantage réceptif, spécialement à des idées qui m'étaient inconnues auparavant ou très différentes de celles qui étaient les miennes. Je mène une vie plus équilibrée, ou du moins j'essaie, je prends soin de moi, de ma santé.

En même temps, je comprends mieux les autres, les relations avec mon entourage et l'approche de mes patients est complètement différente. Mon intuition s'est beaucoup développée, spécialement en thérapeutique. De plus, je suis capable, maintenant, de me protéger des projections destructives de mes malades, je les écoute, et je leur prescris moins de médicaments. J'ai pris conscience que tous les malades ont un très grand besoin d'amour, de compréhension, et que je peux surtout leur apprendre comment devenir responsables d'eux-mêmes.

La Sophrologie peut contribuer à changer bien des choses dans votre vie, comme je l'ai expérimenté moi-même. Vous pouvez réellement modifier votre manière d'être et votre façon de penser. Très rapidement, vous réagirez tout à fait différemment à vos problèmes, vous pourrez développer votre personnalité au lieu de suivre comme un mouton le troupeau humain et les mouvements absurdes du monde.

La façon de vivre de la plupart des gens est aberrante, elle est éprouvante, destructrice et mène rapidement à toutes sortes de maladies. Pourtant, il est possible d'en prévenir un grand nombre et, ce qui n'est pas négligeable, d'abaisser considérablement les coûts extrêmes des soins médicaux.

Pour cela, chacun doit devenir le garant de sa santé, ne pas se plaindre pour un rien et à tout propos, mais au contraire réagir et sauvegarder ainsi son bien-être. Et, par dessus tout, arrêter de prendre des médicaments à tort et à travers, sauf sur prescription médicale lorsque cela est vraiment nécessaire. Savez-vous que le 60% des symptômes disparaissent d'eux-mêmes sans aucun traitement ?

Dans ces cas, l'usage des médicaments est hautement toxique et ne fait que prolonger le symptôme. Ce fait pourrait être le sujet d'une longue méditation.

17d. Les animaux aussi subissent des agressions. En état de danger, ils réagissent toujours de façon identique : ils se battent, ils ont peur, ou ils s'enfuient. Le combat, la crainte, la fuite, voilà les réactions normales d'un animal attaqué. Par exemple, un lion va livrer bataille contre une gazelle, une grenouille s'effrayera devant un serpent, et un lapin s'enfuira à l'approche d'un renard. Dans ces trois cas, l'origine du réflexe est une sécrétion d'adrénaline par les glandes surrénales.

Un être humain a les mêmes réactions, mais il ne peut naturellement pas les extérioriser, il ne peut pas fuir son patron si celui-ci l'insulte, ou l'injurier à son tour ; il dominera son réflexe, il écoutera et encaissera sagement. Nos réactions originelles n'ont pas changé, c'est la société qui a changé. Cette impossibilité de réagir naturellement à notre instinct de rébellion provoque une très forte tension interne. Celle-ci augmente l'action du stress et, tôt ou tard, crée un symptôme fonctionnel. Le combat, la crainte, la fuite engendrent un état hypermétabolique qui intensifie l'activité du système sympathique.

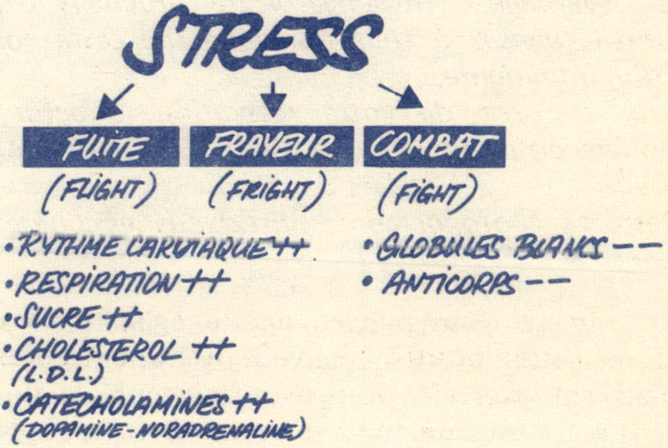

La seule possibilité que nous ayons de contrôler nos réflexes originels de combat, de crainte ou de fuite est d'apprendre à se relaxer immédiatement.

Nous sommes capables de diminuer la quantité d'adrénaline sécrétée par nos glandes lors de chaque agression, et ce sera la meilleure prévention contre les troubles fonctionnels. Afin d'apprendre une relaxation dans ce but, vous pouvez faire l'exercice suivant :

- Choisissez chez vous un endroit tranquille, adoptez une attitude passive en restant couché aussi paisiblement et confortablement que possible. Fixez un objet ou un point au plafond jusqu'à ce que vous sentiez que vos yeux se fatiguent, et laissez-les se fermer.

Concentrez-vous sur votre respiration, et chaque fois que vous expirez, pensez : calme - tranquille. Faites cela au moins 10 à 15 minutes.

Dites-vous ensuite : je suis capable de me relaxer ainsi, immédiatement, que je sois debout, assis ou couché. Fixez-le dans votre mémoire.

Peu à peu, vous allez créer un réflexe conditionné, qui se mettra en action automatiquement chaque fois que vous en aurez besoin, chaque fois que vous vous sentirez agressé ou que vous sentirez un danger imminent.

Vous réalisez ainsi une réponse naturelle.

17e. Chaque jour est un jour nouveau. Chaque matin vous devriez être reconnaissant d'être en vie. Inspirez profondément et laissez la vitalité qui vous pénètre s'étendre à travers tout votre corps, jusque dans la moindre de vos cellules. Vous ne respirez pas seulement l'air, mais aussi le soleil, l'amour et la chaleur. Vous transmettez à votre corps un message de paix infinie. Plus vous respirez profondément, plus vous vous sentez devenir calme et quand vous expirez, imaginez que toutes les pensées négatives, tous les faits tristes de votre passé s'évadent de votre être et s'envolent comme des bulles, très légèrement. Vous n'êtes pas isolé, pas seul, vous êtes une partie du monde, du cosmos. Sans vous, le mouvement des astres ne serait pas pareil. Laissez cette impression d'unité, de joie pure, se répandre en vous comme une marée tiède. Un sentiment merveilleux de joie vous envahit et toute la journée pourra être remplie de bonheur.

Il est incontestable que vous faites partie de l'univers. Sans vous, il ne serait pas ce qu'il est. Vous êtes une parcelle de l'énergie cosmique et, de ce fait, vous êtes très important. Vous êtes influencé par le cosmos et vous pouvez aussi le modifier ; on peut dire qu'il y a une relation totale entre tous les êtres humains.

Nous vivons dans un monde de projections, tout être se projette dans l'univers et est le reflet des autres. Vous comprenez dès lors pourquoi notre humanité est si hostile, la provocation engendre l'agression, la haine, la guerre et, finalement la mort. A l'opposé, la paix, le calme, l'harmonie et l'amour peuvent transformer les relations de notre société. Ainsi, si vous vivez dans la plénitude, en accord avec les autres, vous êtes en mesure de collaborer à la modification de notre humanité, l'aider à retrouver l'équilibre et l'harmonie. Ne soyez plus agressif et vous contribuerez à répandre la paix. La Sophrologie crée un rythme de pondération et entretient l'harmonie et l'amour.

17f. Lors de dangers, d'agressions ou même d'une simple contrariété, la réaction peut être le combat ou la fuite, mais il faut savoir que beaucoup de gens réagissent différemment. Les découvertes du Dr. Schroedel, Directeur de Recherche à «l'Institute of Living, Hartford, Connecticut», montrent que lorsque nous somme agressés, notre première réaction est une augmentation de l'activité du système nerveux sympathique, les pupilles se dilatent immédiatement à la recherche du danger imminent. La deuxième réaction est une augmentation de la tension musculaire, d'abord autour des yeux et de la bouche, puis les tensions s'étendent au corps entier. Troisièmement, certaines personnes retiennent leur souffle alors que d'autres se mettent à respirer très rapidement. La quatrième réaction est un afflux du sang dans les mains et dans les pieds et, finalement, survient une crispation très accentuée des mâchoires.

Nous avons inventé une méthode basée sur ces automatismes, pour diminuer l'effet de ces réactions. Cette technique peut être utilisée immédiatement et n'importe où. Avec un peu d'entraînement, vous pourrez vous calmer en quelques secondes. D'abord, essayez d'être conscient de tout ce qui vous ennuie ou vous énerve. Pensez : J'ai un esprit alerte dans un corps détendu, en souriant intérieurement avec vos yeux et votre bouche pour contrecarrer la tendance que vous avez à vous crisper à la moindre contrariété. Inspirez tranquillement en comptant jusqu'à trois, en imaginant que votre respiration commence par les pores de la plante des pieds. Vous éprouverez rapidement une sensation de chaleur et vous aurez l'impression que vos jambes deviennent lourdes. En expirant votre corps se relaxe automatiquement par cette sensation de chaleur et de poids.

En résumé :

1. Devenez conscient de votre problème ;

2. Gardez un esprit alerte dans un corps détendu ;

3. Souriez intérieurement, avec les yeux et la bouche;

4. Respirez profondément depuis la plante des pieds.

Avec cet exercice, vous vous détendez immédiatement. Avec l'habitude, à la fin de l'expiration, vous êtes complètement relaxé.

17g. Chaque matin, vous pouvez avoir les pensées positives suivantes : «Je serai détendu pendant toute la journée même si mon patron se fâche, même si j'ai des ennuis dans mon travail, même si les gosses sont impossibles, je vais me concentrer sur une attitude détendue, sur mon comportement nouvellement découvert, sur ma paix intérieure, dans n'importe quelle circonstance, et rien ne me fera changer d'attitude. Si les choses vont vraiment mal, je relâcherai mes épaules, je décrisperai mes mâchoires, je détendrai mes muscles abdominaux. Mon comportement serein ne va pas seulement me protéger mais calmera aussi l'agitation autour de moi. Je refuse de m'exciter pour un rien, je refuse d'être emporté par la tempête qui sévit autour de moi. Rien au monde ne vaut la peine de me crisper au point d'en perdre ma santé et mon bien-être. Je vais essayer d'augmenter la confiance que j'ai en moi et me débarrasser de mon agressivité. Je sais que lorsque je subis des tensions excessives dans mon corps, je me détruis. Dès que je sentirai la nervosité m'envahir, je serai capable de me relaxer immédiatement.»

Et le soir, vous pouvez repenser à votre journée et vous poser les questions suivantes : «Mes pensées ont-elles été positives dans tous les cas ? Est-ce que j'ai contrôlé mon agressivité en toute occasion ? Mon attitude a-t-elle été réaliste devant tous les problèmes ?» Petit à petit, le bilan deviendra toujours plus positif.

Si vous avez beaucoup travaillé et que vous vous sentez un peu fatigué, voici un exercice pour vous aider à vous débarrasser de votre lassitude.

- En position debout, prenez la posture orthostatique, bien en équilibre sur vos deux pieds légèrement écartés et fermez les yeux. . . Détendez votre front, votre nez, vos yeux et vos lèvres. . . Desserrez vos mâchoires. . . Laissez tomber les épaules et respirez profondément par le ventre. . . Concentrez-vous sur votre respiration. . . Expirez, videz complètement vos poumons. . . Puis remplissez-les avec autant d'air que possible . . . Lorsqu'ils sont pleins, retenez l'air, serrez fortement les poings ainsi que tous les muscles de votre corps, le dos, les bras, les jambes, le visage. .

Quand vous êtes fatigué, détendez tous vos muscles en une seule fois, brusquement, en expirant bruyamment.

Faites cet exercice trois fois.

Puis couchez-vous sur le dos et imaginez que vous courez dans un paysage merveilleux, vous êtes rempli de joie. . . Lorsque vous en aurez envie, tendez tout votre corps, serrez les poings, bougez les mains et les muscles de votre visage, inspirez et expirez profondément et. . . ouvrez les yeux.

Vos cellules seront régénérées et vous aurez ainsi retrouvé des forces pour terminer votre journée avec entrain.

17h. Il est possible d'être heureux, même si l'on a beaucoup de problèmes à résoudre et souvent des événements désagréables à subir. N'oubliez jamais que le bonheur se trouve en vous-même et non à l'extérieur de vous. Si vous êtes malheureux, c'est de votre faute. Essayez d'en comprendre le pourquoi. Vous sentez ainsi un mal-être lorsque la situation ou les gens autour de vous ne correspondent pas à ce que vous en attendiez, ce qui revient à dire que votre bonheur dépend entièrement de ce qui se passe autour de vous. Mais il ne faut pas oublier qu'il y a l'événement extérieur et l'idée que vous vous en faites créant une réponse à cet événement. A la place de vous efforcer à vouloir changer les gens et les situations autour de vous, essayez plutôt de changer vos opinions et vos propres exigences, efforcez-vous de comprendre l'attitude des autres. Il est certainement beaucoup plus facile de changer votre attitude et vos idées que les circonstances extérieures.

Lorsque vous vous trouvez dans un état de conscience sophronique, vous devenez capable de changer votre attitude pour vous harmoniser avec la situation que vous vivez, quelle qu'elle soit. Vous pouvez apprendre à vous adapter à toute circonstance, même les yeux ouverts. Chaque fois que vous vous sentez tendu, chaque fois que le monde extérieur ne correspond plus à votre attente, à la place de vous crisper, de subir une tension totale de tous les muscles de votre corps, faites juste le contraire. Relaxez immédiatement votre visage, laissez tomber les épaules et respirez profondément avec le ventre. De cette façon, vous créez une «réponse - relaxation» aux motifs du stress au lieu d'y répondre par un nouveau stress. Ce simple mouvement de relaxation est une excellente manière de vous protéger de toutes les situations inattendues. Avec un entraînement personnel vous vous sentirez rapidement capable de réagir de cette façon et de vous fortifier pour être en mesure d'affronter n'importe quelle situation inquiétante. A force de le faire, vous allez créer un réflexe, un état de bien-être permanent.

17i. J'aimerais encore vous donner quelques directives que j'estime très importantes. Ces instructions sont établies pour vous aider dans l'accomplissement de votre cheminement vers le succès. Si vous les suivez, vous pourrez plus facilement atteindre le bonheur.

Si vous attendez que l'amour vienne des autres, vous ne serez jamais heureux, l'amour extérieur n'étant pas une démarche personnelle. Commencez par aimer jour et nuit sans rien attendre en retour, vous serez déjà dans un état de contentement. L'amour n'est pas une possession, c'est un don sans condition. Il est impensable de vaincre les méchants par la perversité, les calomniateurs par la calomnie, les jaloux par la jalousie ou les colériques par la colère, ce serait s'identifier à eux, se mettre au même niveau qu'eux, entrer dans la même catégorie.

Pour se protéger, pour devenir invulnérable, il faut changer de niveau, ne pas rester dans les sphères où règnent la faiblesse, les émanations néfastes de nos adversaires. Il est donc indispensable de s'en éloigner, de s'élever pour atteindre des régions plus nobles, plus pures, plus lumineuses. Nos détracteurs ne pourront plus nous atteindre parce que leurs vibrations seront différentes des nôtres.

Voici quelques consignes pour accompagner vos journées, pour garder un bon équilibre. Essayez de les suivre de temps en temps, c'est si facile que vous les appliquerez de plus en plus souvent et, pourquoi pas, toujours.

1) Essayez de vous souvenir de vos rêves et de les transcrire à votre réveil.
2) Buvez au réveil un verre d'eau chaude bouillie, ceci pour améliorer la circulation sanguine dans tous vos membres.
3) Exécutez des exercices de respiration, mettez-vous en accord avec l'harmonie de l'univers.
4) Mangez correctement et sainement, si possible végétarien.
5) Chaque jour, pensez quelques minutes à votre existence en mettant votre main sur le plexus solaire.
6) Vivez ici et maintenant, vivez le présent.
7) Spiritualisez vos activités. Par exemple en marchant, dites mentalement : amour - sagesse - vie - harmonie.
8) Avant de vous coucher, lavez vos pieds dans une eau très chaude.
9) Pour dormir, orientez votre tête au nord et couchez-vous autant que possible sur le côté droit.

XVIII L'AGE D'OR

18a Vieillir, atteindre l'âge d'or ne signifie pas devenir malade. Au moment de la retraite, il est possible de profiter de la vie beaucoup mieux qu'auparavant. Tout le temps peut et devrait être consacré au plaisir de vivre.

Si l'ennui ou les ennuis vous guettent, prenez une feuille de papier et du côté gauche écrivez tout ce que vous considérez comme positif dans votre vie actuelle ; du côté droit inscrivez ce qui vous semble négatif. Puis cherchez ce que vous pourriez changer ou éliminer à droite, supprimez les contraintes devenues inutiles. Du côté positif, pensez à ce que vous êtes capable de faire pour l'augmenter : aller à la pêche, voyager, faire du golf ou du tennis, jouer aux échecs ou au scrabble, suivre des cours à l'université ou dans une école populaire, apprendre une langue, nager, lire, trouver un nouveau hobby, etc. Lorsque votre liste est corrigée, faites un plan pour chaque jour de la semaine, sans oublier au moins une demi-heure par jour de mouvements, promenade, sport ou jogging. Il est nécessaire de faire un peu de culture physique régulièrement pour éviter l'ankylose des articulations qui deviennent délicates avec les années. Avoir du mouvement est une bonne prévention contre les maladies et en même temps une bonne thérapie contre l'arthrite.

De plus, il a été prouvé que l'action physique, la gymnastique ou le sport est le meilleur moyen de diminuer la réaction négative du corps face au stress. L'exercice conserve un haut niveau de défense dans le système immunologique, il prévient les troubles fonctionnels et les infections. Aussi longtemps que le sang peut fabriquer assez de globules blancs et d'anticorps, vous êtes protégé des agressions microbiennes ou virales voire cancéreuses.

Il est nécessaire aussi d'organiser votre vie de telle sorte qu'il vous soit possible de diminuer les tensions. Vous avez probablement des problèmes, comme chacun, une vie sans problèmes serait d'ailleurs bien monotone. Ce qui est important, c'est d'y faire face, de les voir comme ils sont et non comme vous pensez qu'ils sont...

Si vous êtes capable d'affronter un problème dans sa réalité, positivement, vous trouverez la solution, il y a toujours une solution. Je dis souvent : «Il n'y a pas de problèmes, il n'y a que des solutions.»

18b. Quels que soient vos problèmes, voici une méthode qui pourra vous aider à les résoudre.

- Asseyez-vous confortablement ou, si vous préférez, étendez-vous. Pensez fortement à l'un de vos problèmes, examinez-le, essayez de le voir objectivement. Fermez les yeux et commencez à vous relaxer profondément, d'abord le visage, et tous les muscles de votre corps, jusqu'au bout des orteils... Votre corps est complètement détendu, vous êtes bien... Essayez alors d'oublier votre corps et imaginez que vous êtes dans un endroit très beau, quelque part où vous vous sentez libre et heureux, dans une prairie, à la montagne ou au bord de la mer... Vous êtes seul, entouré d'arbres, de fleurs, d'oiseaux... Vous entendez peut-être un ruisseau et tous les bruits de la nature... Essayez de sentir le parfum des fleurs et

le vent caressant votre visage... Venant de nulle part, un animal ou une personne apparaît devant vous, ce peut être un vieil homme, une vieille femme ou même un enfant, ou alors un chat, un chien, un écureuil, laissez-le venir... Il s'approche de vous, il est totalement présent, vous pouvez lui parler, lui expliquer votre problème, essayez d'entrer en communication avec lui, et écoutez ce qu'il vous dit... Cet animal ou cette personne va devenir votre ami secret, vous pourrez le rencontrer à votre guise... Lorsqu'il s'en va, revenez mentalement où vous vous trouvez puis remuez les orteils, les doigts, serrez les poings, respirez profondément, étirez-vous puis, lentement, ouvrez les yeux.

Cette méthode est très efficace. Peut-être ne trouverez-vous pas votre animal ou votre personne la première fois; c'est une question d'entraînement. Quand vous l'aurez vu, il reviendra facilement lors de vos prochaines relaxations. Il deviendra votre confident, vous pourrez discuter de tout avec lui, n'importe quand. Vous ne vous sentirez plus jamais seul, votre ami sera toujours avec vous et il vous aidera chaque fois que vous en aurez besoin.

Cette image est la projection de votre inconscient, il sait tout de vous et il n'a pas du tout les mêmes pensées que votre conscient. Il vit hors du temps et de l'espace, il peut s'exprimer par des phrases logiques ou, plus fréquemment par des symboles comme dans les rêves. Cela signifie que la réponse qu'il vous donnera sera peut-être difficile à comprendre au premier abord. Si c'est le cas, essayez d'associer un autre symbole à sa réponse, lorsque vous êtes en état de relaxation. Par exemple, tracez un cercle dans votre tête et essayez d'associer le mot cercle à une autre image : cercle - perfection du cercle - esprit, etc. En faisant de même pour chaque symbole, petit à petit vous pourrez comprendre la signification des messages de votre inconscient.

18c. Pour les personnes dans l'âge d'or (communément appelé 3ème âge), il est important de rester conscient de toutes les parties de son corps, de continuer à remuer les articulations pour prévenir l'arthrite. Il est aussi nécessaire de bien oxygéner les cellules et d'apporter le plus possible d'oxygène dans le cerveau pour entretenir la mémoire et les facultés de concentration.

Une méthode très utile pour atteindre ces différents buts, où le mouvement est associé à la respiration, s'appelle la sophro-respiration-synchronique. Elle se pratique de la manière suivante :

Après vous être complètement relaxé, il faut remplir d'air vos poumons, inspirer autant d'air que possible, retenir l'air et remuer une partie du corps en étirant les muscles pendant quelques secondes puis, expirer lentement en relâchant complètement les muscles qui ont été mis sous tension. Cet exercice se déroule donc en trois phases :

a) inspirer profondément,
b) garder l'air et faire le mouvement de tension,
c) expirer lentement en revenant en position de départ.

En exécutant ces exercices de respiration synchronisée avec le mouvement, de façon suivie, vous devenez beaucoup plus conscient de votre corps et en même temps vous pouvez maintenir un haut niveau des anticorps et de vos globules blancs.

- Asseyez-vous confortablement, fermez les yeux et relaxez-vous complètement... Prenez conscience de votre corps assis, contrôlez que tous vos muscles soient relâchés... Puis, expirez, videz les poumons autant que possible, éliminez tout l'air qui stagne en raison d'une respiration généralement trop superficielle... Ensuite inspirez d'abord par votre ventre, puis votre poitrine et enfin vos épaules, remplissez-vous d'air... Vous vous sentez comme un ballon... Avec les poumons pleins, renversez doucement la tê-

te en arrière, vous ressentez une tension dans votre nuque... Restez ainsi quelques secondes... Expirez lentement, en vidant les épaules, la poitrine et le ventre, simultanément, revenez très lentement avec la tête en position verticale... Relaxez-vous encore davantage, prenez conscience de votre nuque, de votre tête, concentrez-vous quelques instants sur votre cerveau, imaginez qu'il est comme un ciel rempli d'étoiles brillantes... Chaque étoile est un neurone capable de mémoriser, de se concentrer, ce cerveau est merveilleux. Ensuite, inspirez à nouveau, gardez l'air et penchez lentement la tête en avant, poussez votre menton contre votre poitrine... Tendez la nuque pendant quelques secondes, puis expirez lentement en relevant la tête... Relaxez-vous, pensez à votre tête, à votre nuque et à votre cerveau...

Faites trois fois ces deux mouvements puis remuez les pieds et les mains, étirez les bras et les jambes, respirez profondément, ouvrer les yeux.

N'oubliez pas de vous relaxer entre chaque mouvement en vous représentant votre cerveau et toutes ses possibilités.

En plus du mouvement de la tête, nous pouvons utiliser la sophro-respiration-synchronique en actionnant les bras et les jambes. (Ces exercices font partie de la Relaxation Dynamique II).

- En position assise, fermez les yeux... Relaxez-vous complètement comme d'habitude en respirant avec votre ventre... Expirez totalement avant d'inspirer autant d'air que possible... Pendant que vos poumons sont pleins, tendez les deux bras devant vous, étirez-les aussi loin que vous le pourrez... Lorsque vous vous sentez fatigué, expirez lentement en relâchant en même temps les bras...

Répétez l'exercice, lentement, trois fois.

Vous devenez tout à fait conscient de vos bras et de vos épaules... Imaginez que vous êtes dans un paysa-

ge merveilleux... Un petit enfant vient vers vous, il vient tout près de vous, il s'assied sur vos genoux... En l'observant, vous vous reconnaissez en lui, vous le caressez, il devient réalité, un enfant est assis sur vos genoux... Essayez de vous rappeler un moment positif de votre enfance, vous l'imaginez ici et maintenant, laissez l'enfant entrer en vous, vous ne faites plus qu'un... Vous prenez conscience que même si vous êtes âgé, vous avez toujours un enfant en vous, c'est magnifique... Lorsque vous avez bien vécu cette expérience, remuez doucement les orteils, les mains, étirez votre corps, respirez à fond et, ouvrez les yeux.

Si l'enfant ne vient pas, cela n'a pas d'importance, il sera certainement là une autre fois.

- Asseyez-vous confortablement sur une chaise ou un fauteuil avec un dossier, fermez les yeux et relaxez-vous aussi totalement que possible... Videz vos poumons puis inspirez profondément, ventre-thorax-épaules... Retenez l'air, tendez les deux jambes devant vous... Lorsque vous ne pouvez plus tenir vos jambes dans cette position, expirez en les remettant lentement dans leur position de départ. Relaxez-vous ... Faites ce mouvement trois fois.

Vous devenez pleinement conscient de vos jambes, de vos hanches, de votre abdomen. Imaginez vos organes internes, si vous avez eu une opération, si vous avez subi l'ablation d'un organe, acceptez-vous tel que vous êtes... Visualisez votre sexe, soyez heureux d'être un homme, une femme... On ne perd pas sa sexualité en vieillissant comme la plupart des gens le prétendent... Imaginez-vous dans le futur, essayez de trouver des motivations pour vivre dans la paix et le bonheur, voyez-vous dans une année, actif et plein d'énergie... Programmez votre cerveau pour l'avenir, si vous avez des problèmes physiques, essayez d'imaginer que vous irez beaucoup mieux dans les jours qui viennent... Lorsque vous avez visualisé une situation positive, remuez les orteils, les jambes, les doigts, les mains, étirez-vous, respirez profondément et, quand vous en avez envie, ouvrez les yeux.

Faites ces exercices très régulièrement, les douleurs peuvent s'atténuer peu à peu et même disparaître.

18d Bien des gens ont des douleurs dans les articulations en vieillissant, ce qui est pénible. Vous pouvez remplacer cette douleur par une autre sensation.

- Étendez-vous ou asseyez-vous confortablement et fermez les yeux... Relaxez-vous aussi profondément que possible, de la tête aux pieds... Concentrez-vous sur votre articulation la plus douloureuse, imaginez sa forme à l'intérieur du membre, les vaisseaux sanguins qui s'agrandissent en amenant davantage de sang dans l'articulation... Pensez que votre douleur va être remplacée par de la chaleur, pendant vingt-quatre heures, cette chaleur pénètre vos os... Pendant ce temps, votre douleur disparaît, elle est remplacée par de la chaleur... Toute votre attention se porte sur l'articulation douloureuse, votre conscience est capable de modifier localement votre circulation sanguine. Peut-être sentez-vous la chaleur s'étendant progressivement et remplaçant complètement votre douleur... Cette chaleur est bienfaisante... Prolongez l'exercice à votre rythme.

Ensuite préparez-vous à ressortir de votre état de relaxation, remuez les pieds, les mains, étirez vos membres, respirez et ouvrez les yeux.

Répétez cet exercice avec toutes les articulations douloureuses. Si vous le désirez, vous pouvez enregistrer une cassette avec votre propre voix et vous entraîner régulièrement. Peut-être que vous ne réussirez pas la première fois mais avec de l'entraînement, je vous assure que cette démarche est possible et souvent concluante.

Beaucoup de personnes pensent qu'en prenant de l'âge on perd la mémoire, ce n'est pas tout à fait juste. Chaque jour, nous perdons environ 100.000 cellules de notre cerveau qui ne sont jamais remplacées. Pourtant, en s'entraînant de façon régulière, nous pouvons maintenir et même améliorer la mémoire, en augmentant le nombre de neurones utilisés généralement. Il existe beaucoup de méthodes pour améliorer ou renforcer la mémoire, en voici une qui est très efficace. C'est le Dr. Caycedo qui a développé cette technique :

- Étendez-vous confortablement et relaxez-vous totalement... Respirez régulièrement... Partagez votre vie en trois parts égales, par exemple si vous avez 63 ans, vous aurez trois fois 21 ans... Concentrez-vous sur la première part, rappelez-vous une situation positive qui vous est arrivée durant votre enfance ou votre adolescence... Imaginez-la, comme si elle se passait ici et maintenant... Essayez de vous souvenir du plus de détails possibles... Faites de même avec la deuxième partie de votre vie, entre 20 et 40 ans... Puis revoyez un événement de ces dernières années...

Pendant que vous faites cette expérience, laissez la joie entrer dans tout votre corps, pénétrer toutes vos cellules et remplir votre vie. Ne vous arrêtez que sur des scènes positives... Lorsque vous avez revécu ces trois situations lentement, étirez les membres, baillez et respirez profondément, puis ouvrez les yeux.

Si vous vous êtes rappelé seulement un ou deux événements la première fois, ce n'est pas grave. Après plusieurs récidives, vous serez surpris de constater combien votre mémoire est capable de fonctionner lorsque vous êtes relaxé, une foule d'événements vous reviendront en mémoire et elle vous fera moins défaut par la suite.

XIX LA MORT

19a. L'ultime démarche de la Sophrologie est de préparer l'homme à mourir décemment, avec aussi peu de craintes que possible. Nous avons à apprendre comment vivre la mort positivement au lieu de mourir notre vie. La préparation à la mort s'appelle la «thanatothérapie». Elle est utilisée dans les cas désespérés et pour moi, c'est une partie très importante de la Sophrologie. L'approche de la mort est différente suivant les cultures.

Dans les pays orientaux, la plupart des gens meurent paisiblement, ils croient en la réincarnation, pour eux, la mort et la naissance sont identiques, il n'y a donc aucune raison d'avoir peur de la mort. Croyant au Dharma, ils pensent que ce qu'ils ont amélioré pendant cette vie est déjà gagné pour la réincarnation. Ils passent d'une vie à l'autre en évoluant progressivement jusqu'à ce qu'ils atteignent la perfection. A ce moment seulement, ils meurent vraiment et vont au Nirvâna, au paradis éternel.

En Occident c'est complètement différent, personne ne sait ce qui se passe au moment et après la mort et la plupart des gens en ont une peur panique. La mort devrait être le moment le plus important de la vie, il faut se préparer pour mourir de façon consciente. D'ailleurs il est facile de prouver que, matériellement parlant, nous sommes éternels, nous savons que l'énergie totale de l'univers reste toujours constante. Nous sommes une partie de cette énergie et, pour l'instant, nous avons la forme d'un être humain. Vivant ou mort, notre énergie totale restera la même.

Chacun de nous est une parcelle de l'univers, nous sommes tous importants, en ce sens que sans nous, l'univers ne serait pas le même. Nous resterons pour l'éternité une partie de l'univers, ce qui veut dire que si notre corps disparaît dans sa forme originelle et retourne à la terre, énergiquement parlant, ce n'est pas une véritable disparition. Mais nous ne sommes pas seulement un corps physique, nous avons aussi une psyché et, ce qui est encore plus important, un esprit. Je crois qu'après la mort, notre psyché s'en va pour toujours. Notre esprit reste et ne mourra jamais. D'après la plupart des religions occidentales, nous avons une sorte d'éternité après la mort.

Concernant la réincarnation, il y a quelques cas scientifiques décrits sous le nom de «mémoire extra-cérébrale» qui peuvent éventuellement apporter la preuve de son existence.

19b. En Turquie, un jeune garçon avait l'habitude de dire à ses parents : «- J'aimerais rentrer à la maison, je ne vis pas ici mais ailleurs, je veux y retourner pour voir ma femme et mes enfants.» Ce petit garçon était né avec un trou dans la tête qui avait disparu quelques mois après sans laisser de traces. Il répétait toujours la même chose et ajoutait souvent : «- Mon nom est Abeit Suzulmus, j'ai une femme et trois enfants et j'ai été assassiné ; je n'ai pas gardé ma première femme car elle était stérile.» Chaque fois il ajoutait quelques détails sur sa vie passée, il parlait de sa petite ville, de sa maison, donnant des noms et beaucoup d'informations et affirmant encore que quelqu'un lui devait une grosse somme d'argent.

Le père notait tout ce que le garçon disait et lorsqu'il eut sept ans, décida d'aller voir l'endroit indiqué par son fils. L'enfant reconnut immédiatement les gens, les appela par leur nom et il retrouva toute sa famille. Tout ce qu'il avait dit correspondait exactement à un homme appelé Abeit Suzulmus, tué dix ans auparavant d'un coup à la tête. Il avait été trouvé mort avec un trou dans le crâne, tous les détails qu'il avait donnés étaient exacts. L'enfant reconnut l'homme qui avait des dettes envers lui et qui confirma le fait.

Ce cas fut relaté par l'Institut de Parapsychologie de Jaïpur, en Inde. Bien d'autres cas semblables existent et ont été décrits dans différentes contrées.

Il y a l'histoire de Swarna Lata, une petite fille indienne vivant dans le nord de l'Inde. Dès qu'elle sut parler, elle racontait toujours l'histoire de son autre maison à Katni. Elle donnait des détails sur sa famille et sur la ville où elle vivait, à un autre moment.

Son père lui aussi a écrit tout ce qu'elle racontait et lorsqu'elle fut assez grande, il décida d'aller avec elle à Katni. Là, elle reconnut tout, elle appelait les gens par leur nom et fit remarquer tout ce qui avait changé dans la ville. Elle conduisit son père dans «sa maison», qui était exactement telle qu'elle l'avait décrite et dessinée avant cette visite.

De tels cas ne sont pas rares du tout et beaucoup sont rapportés dans des revues de parapsychologie. Est-ce la preuve que la réincarnation existe ? Peut-être, mais on ne peut l'affirmer. Les scènes et les images arrivant à la conscience de ces enfants peuvent venir de l'inconscient collectif ou familial décrit par C.G. Jung. Si c'est le cas, nous ne pouvons pas parler de réincarnation, mais simplement de mémoire inconsciente. Chacun pense ce qu'il veut, pourtant, le cas d'Abeit Suzulmus, avec le trou dans le crâne, semble être une authentique réincarnation.

19c. Personnellement, j'ai observé des cas très intéressants. Il y a quelques années, j'ai fait quelques régressions avec des patients chroniques ; nous avons quelquefois de bons résultats avec ce procédé pour des maladies d'origine héréditaire. Plusieurs fois, j'ai entendu mes patients en état sophronique, lors d'une régression, parler une langue étrangère qu'ils ne connaissaient pas, ou expliquer une situation qui aurait très bien pu venir d'une vie antérieure.

Je me souviens d'une jeune fille suisse de 20 ans qui s'est vue dans une autre vie à Bordeaux. Elle m'a donné une quantité de dates, de noms et d'adresses dans cette ville. Son nom aurait été Jeanne Pithon. Elle a même décrit sa mort à la suite d'un accident de cheval. Comme je devais faire une conférence à Bordeaux, je suis passé à la mairie pour savoir si cette famille et cette adresse existaient. Toutes les informations étaient exactes...

Une jeune américaine, Sue, se mit à parler en finlandais lorsqu'elle fut en état de régression. De même, un jeune étudiant américain, Victor, parla en russe ; un docteur français, Michel, se mit à parler en allemand alors qu'il n'était jamais allé en Allemagne et n'avait jamais étudié cette langue. De tels cas ne sont pas rares et, en ce qui me concerne, je connais au moins quarante cas de ce genre.

L'explication de ces manifestations peut être empirique (réincarnation) ou scientifique, d'après les théories de Jung. Probablement que nous savons tous, inconsciemment, d'autres langues ; cette mémoire inconsciente pourrait pénétrer soudainement dans la conscience pendant un certain temps lorsque le patient est mis dans un état de conscience sophronique. De toute façon, nous devons accepter ce fait qui arrive assez souvent, même si nous n'en comprenons ni le pourquoi ni le comment. Lorsque de nombreuses expériences de ce genre seront parvenues à notre connaissance, nous serons certainement capable d'expliquer ce phénomène scientifiquement. La réincarnation existe peut-être, peut-être pas. Si nous en étions sûrs, nous pourrions mourir avec le sourire, sachant que la mort n'est pas une fin mais un autre commencement.

Alors soyons prêts pour une nouvelle naissance...

19d. Il y a une méthode que j'aime utiliser dans les séminaires consacrés spécialement aux personnes dans l'âge d'or. Si vous le désirez, vous pouvez enregistrer votre voix, en parlant lentement et régulièrement. Cependant, il est préférable de faire cet exercice sous le contrôle d'un sophrologue.

- Étendez-vous et écoutez.

« Je suis étendu confortablement sur mon lit et je ferme mes yeux... Je commence à tendre les bras et les jambes aussi fort que je peux, je garde cette tension pendant environ trente secondes... Je relaxe complètement mes membres, je détends mon front, les muscles autour des yeux, des joues, des lèvres, de la langue, je relâche les muscles des mâchoires, de la nuque... Je supprime les tensions de mes épaules, de ma poitrine... Je me concentre un petit moment sur ma respiration, je respire régulièrement et profondément par le ventre, chaque fois que j'expire, je me relaxe encore davantage...

Je détends mon ventre, mes cuisses, mes genoux, mes mollets et mes pieds, jusqu'au bout de mes orteils... Mon corps est complètement relaxé et je peux détendre mon cerveau comme si c'était un muscle... Je suis au bord du sommeil...

Je quitte mon corps et je vais faire un voyage imaginaire dans l'espace. Je m'éloigne et je vois mon corps couché sur le lit, j'en vois tous les détails... Je sais que mon corps devra disparaître dans l'avenir, mais cela m'est égal... Une partie de moi-même est capable de le quitter et de voyager, je quitte ma chambre et je sors... Il peut faire chaud ou froid, je ne le sens pas, je ne suis pas sensible à la température extérieure. Je monte vers le ciel à travers les nuages, je vais vers le soleil, je vois le soleil devant moi et je voyage à travers l'espace... Je me sens libre et heureux, léger. Je vois derrière moi mon pays et bientôt la terre entière, qui devient de plus en plus petite...

Je deviens conscient de la dimension de l'univers, je suis une partie de l'univers... Le soleil grandit devant moi... Soleil - amour - énergie - harmonie... Je me débarrasse de mon passé, je sais que je ne peux pas le changer... J'accepte ma vie comme elle est... Je me débarrasse de mes attaches, de toutes mes connaissances qui perdent complètement leur importance... Je sais... Je ne sais rien... Je suis libéré de mon corps, je quitte la terre et je vois le soleil devenir toujours plus grand, j'arrive tout près, je suis surpris de ne pas ressentir sa grande chaleur... Je suis capable d'entrer dans le soleil, je suis dans le soleil - énergie - amour - force... Je me pénètre de l'énergie et de l'amour infini, il n'y a plus de temps, plus d'espace, je suis complètement libre et heureux... Je me sens prêt à devenir pure conscience... Je reste un moment dans cette situation merveilleuse...

Lorsque je le désire, je me prépare à revenir sur la terre... Je quitte le soleil, je sais que je pourrai revenir quand je le voudrai... Je fais le voyage de retour pour retrouver mon corps... Je me laisse glisser sur un rayon de soleil, la terre grandit devant moi... Je vois mon pays, ma maison, mon corps... Je réintègre mon corps sur le lit, je me sens rempli d'énergie et d'amour...

Je reste tranquille un moment et me prépare à ressortir de mon état de relaxation, en imagination je remue tous mes membres, les uns après les autres puis, quand j'en ai envie, je le fais vraiment, j'avale ma salive, j'étire mes membres, tout mon corps, j'inspire et j'expire une fois très à fond et, en respirant à nouveau régulièrement, doucement, j'ouvre les yeux.

Cette méthode augmente l'énergie et la force corporelle, il faut le faire quand on a du temps devant soi.

19e. La technique ci-dessus est couramment utilisée avec les personnes de l'âge d'or. Elle donne une nouvelle énergie, mais elle peut préparer aussi des personnes à la fin de leur vie, à mourir paisiblement, en y ajoutant une méthode taoïste appelée «le voyage à travers les sept vallées». Cette technique majeure ne peut être utilisée que sous le contrôle d'un sophrologue spécialement formé, vous ne pouvez pas faire cet exercice seul. Il consiste en un voyage dans notre monde conscient et, ensuite nous pénétrons toujours plus profondément dans l'inconscient pour arriver à l'inconscient collectif et à la mort. Nous faisons l'expérience de notre propre mort après avoir éliminé toutes nos attaches affectives, matérielles, sentimentales, toutes nos connaissances, après avoir abandonné notre corps physique pour entrer dans une autre dimension. Nous traversons sept vallées.

A la fin de la séance qui dure environ une heure et demie, nous faisons l'expérience d'une nouvelle naissance, d'une nouvelle vie en dehors de l'existence matérielle. Je ne connais pas de meilleure technique pour préparer les gens à la mort, afin qu'ils s'éteignent très paisiblement et libres de toute angoisse.

La mort devrait être une expérience positive, un orgasme total et, peut-être, le meilleur moment de notre vie. Il est important de mourir en pleine conscience et non en étant bourré de drogues. En cas de mort brutale, il semble que le phénomène est exactement le même, il faut s'y préparer avant.

Bien des chercheurs ont essayé de comprendre ce qui se passe après la mort. Un auteur américain très connu, Moody, a écrit un livre à ce sujet, «La vie après la vie». Il décrit quelques cas de personnes considérées cliniquement mortes et qui revinrent à la vie. Il leur a demandé de raconter leur expérience. La description fut toujours positive. La plupart virent une lumière merveilleuse les attirant très fortement. Aucun d'eux n'a décrit une réaction négative ou douloureuse.

La mort ne devrait pas être une conséquence de la maladie, nous devrions normalement naître en bonne santé et rester sain pendant toute notre vie. Vieillir ne veut pas dire devenir forcément malade comme on le pense généralement. Nous mourrons parce que notre corps est usé et pour la bonne raison que c'est le moment de partir. Il n'est pas impératif de souffrir pendant des mois et d'aller à l'hôpital pour mourir.

En vivant normalement, sans stress excessif, dans l'équilibre et l'harmonie, en mangeant une nourriture naturelle, en évitant les aliments nocifs, en donnant et en recevant beaucoup d'amour, chacun peut avoir une vie heureuse et finir en santé. Nous savons qu'il est possible de partir ainsi et la Sophrologie nous apprend à vivre et à mourir dans le bonheur.

XX LES SPORTS

20a. En 1967, j'ai eu l'occasion d'employer les techniques de la Sophrologie pour la préparation de trois skieurs suisses bien connus, en vue des Jeux Olympiques de février 1968, à Grenoble. C'était la première fois que la Sophrologie était utilisée dans le sport, et les résultats furent très étonnants : 3 médailles suisses à Grenoble. Les journaux d'époque titraient d'ailleurs : 3 médailles pour la Sophrologie.

En 1968, nous avons aussi préparé toute l'équipe nationale de ski alpin, ainsi que les sauteurs. Notre but étant d'obtenir autant de titres que possible en 1970, aux Championnats du Monde de Val Gardena, en Italie, pour les skieurs alpins et, la même année à Stribske Pleso en Tschécoslovaquie, pour les sauteurs. Là également, l'équipe suisse gagna plusieurs médailles. Pour la première fois dans l'histoire nationale de ski nordique, 3 sauteurs suisses se trouvèrent dans les dix premiers.

Nous avons continué cette préparation sophrologique pour les Jeux Olympiques de Sapporo, au Japon en 1972. La Suisse n'a jamais gagné autant de médailles dans toute l'histoire des Jeux Olympiques, aussi bien dans les compétitions féminines que masculines.

Tous ces skieurs ont-ils gagné dans ces compétitions de haut niveau grâce à la Sophrologie ? On peut certainement l'affirmer.

Des skieurs suisses aussi connus que Bernhard Russi, Roland Collombin, Walter Tresch, Werner Mattle, Lise-Marie Morerod et Marie-Thérèse Nadig pour les épreuves alpines, et encore les sauteurs Walther Steiner et Hans Schmid furent préparés entièrement par la Sophrologie. Tous gagnèrent des médailles. Cela n'est pas dû au hasard, mais plus sûrement à leur entraînement physique et sophrologique qui leur a permis à tous d'être au maximum de leur forme au moment voulu, et de réaliser des résultats excellents.

Russi devint champion du monde de descente tandis que Lise-Marie Morérod obtint le titre de championne du monde en slalom. Tous figurèrent sur la liste des meilleurs skieurs mondiaux cette année-là. En plus de leur préparation physique et technique parfaite, ils ont tous suivi régulièrement un entraînement sophrologique spécialement conçu pour eux et ils l'ont mis en application avant chaque course.

Plus tard, de nombreux athlètes suisses de renommée internationale tels que : pilotes d'acrobatie aérienne, tireurs d'élite, patineurs, escrimeurs (Fabienne Regamey fut dix fois championne), boxeurs (Fritz Chervet devint champion des poids-plumes), navigateurs (Pierre Fehlmann), bobeurs (Silvio Giobelina), cyclistes (Dill, Bundi), joueurs de tennis et bien d'autres encore, furent préparés à la compétition par des séances de Sophrologie. Ils n'améliorèrent pas seulement leurs performances, mais aussi leur vie personnelle.

20b. Comment est-il possible d'utiliser la Sophrologie dans le sport de compétition ? Nous allons essayer de comprendre.

Nous employons différentes méthodes pour diminuer la crainte, le trac, et d'autres pour augmenter la combativité et la confiance en soi. Ces techniques développent l'énergie psychique et physique en même temps.

La méthode sophrologique pour la préparation des athlètes de compétition est un peu compliquée. Pourtant je peux vous expliquer quelques-unes des techniques que nous avons mises au point, afin que vous puissiez les mettre en pratique également.

En premier lieu, vous devez comprendre qu'il existe une relation directe entre les muscles et le cerveau. Si vous avez un problème psychologique important, vous perdez partiellement ou entièrement le contrôle de vos mouvements, ce qui réduit considérablement la possibilité d'une performance. C'est la raison pour laquelle, la première chose à apprendre est d'expérimenter la crispation physique qui accompagne toujours une tension mentale, d'en être conscient, de bien sentir cette sensation pour être capable d'éliminer immédiatement ces crispations inutiles.

Par exemple, si vous avez peur avant de participer à une compétition importante, tous vos muscles se tendent et il vous sera impossible d'obtenir un bon résultat. Par contre, si vous êtes capable d'éliminer cette tension physique, vous allez par la même occasion éliminer votre crainte. Cela s'appelle le feed-back ou rétroaction.

Le mot feed-back est intraduisible en français, mais une définition simplifiée pourrait être celle-ci :

«Supprimer une tension physique pour éliminer une tension mentale».

Pour mieux comprendre cette démarche, imaginez que vous vivez le jour précédant une compétition.

- *Étendez-vous, fermez les yeux, et commencez à vous relaxer, en partant comme à chaque fois par le visage pour arriver jusqu'au bout de vos orteils... Lorsque vous vous sentez bien détendu, imaginez que demain vous aurez une compétition très importante à disputer et que vous serez aussi calme et relaxé que maintenant... Essayez de vous voir dans l'action, en plein effort, c'est un fait réel, vous vivez votre performance du début à la fin... Vous êtes en parfaite condition, ne faisant aucune faute, vous contrôlez complètement vos mouvements et vos émotions...*

Puisque le temps et l'espace n'existent pas en état sophronique, vous pouvez vivre entièrement votre compétition en quelques secondes ou, si vous préférez, en quelques minutes.

Lorsque vous êtes arrivé au but, vous pouvez revenir mentalement où vous vous trouvez présentement... Vous commencez à bouger les orteils et les doigts, lentement... Puis votre visage... Ensuite étirez bien tout votre corps... Respirez profondément... Et ouvrez les yeux.

Vous avez vécu ainsi en imagination, dans un état sophronique, une compétition parfaitement réussie. Vous avez confiance en vous et vous n'y pensez plus, ou le moins possible, jusqu'au lendemain.

20c. En préparant ainsi mentalement et en détail une prochaine compétition sportive, vous utilisez une méthode statique, vous êtes immobile et relaxé, vous imaginez l'évènement. Vous devez utiliser cette technique uniquement le ou les jours précédant l'épreuve, mais jamais le jour même. En effet, avec les méthodes statiques, vous êtes presque sur le point de l'endormissement, au bord du sommeil, et après vous vous sentez temporairement un peu moins énergique.

Pour augmenter votre énergie physique avant de concourir, il existe des exercices de Relaxation Dynamique, associés à une représentation positive de votre compétition. Ces techniques sont très efficaces ; on a découvert qu'elles développent la force musculaire et la résistance physique, ainsi que la faculté de concentration. La meilleure démarche serait de faire ces exercices juste quelques minutes avant l'action, afin de vous dynamiser au maximum.

Les exercices de relaxation dynamique permettent à l'oxygène de mieux pénétrer tous les organes de votre corps et votre cerveau. Pour éviter des accidents éventuels dus à une saturation d'oxygène et une diminution du CO_2 dans le sang, il est nécessaire de les exécuter doucement, sans forcer et sans trop les prolonger.

Il est préférable de s'entraîner plusieurs fois à la maison, afin d'en contrôler parfaitement les effets. Ensuite, on peut les exécuter juste avant une compétition ou toute autre épreuve sportive.

- Mettez-vous debout, en position orthostatique et fermez les yeux. Détendez votre visage, vos épaules, votre abdomen. Respirez seulement avec votre ventre... Imaginez votre prochaine action sportive... Réalisez combien vous êtes calme et paisible... Maintenant, commencez à respirer rapidement avec l'abdomen - aussi vite que possible - lorsque vous inspirez, l'air gonfle votre ventre et il se creuse à la sortie de l'air, à l'expiration. Pratiquez ce mouvement très rapide jusqu'à ce que vous sentiez une légère douleur lombaire... Diminuez alors la cadence de votre respiration et relaxez-vous... Pensez à votre succès, vous êtes gagnant... Étirez-vous ensuite copieusement et ouvrez les yeux, en réactivant tous vos membres dans la joie.

Si vous ne faites pas de sport, vous pouvez imaginer dans cet exercice que vous réussissez l'action que vous allez entreprendre et que vous l'exécuterez avec plaisir.

Cette utilisation de la relaxation dynamique est très puissante pour programmer positivement le futur.

20d. Un autre exercice de relaxation dynamique augmentera considérablement votre énergie.

- Debout, mettez-vous en position confortable et fer-

mez les yeux... Relaxez-vous aussi complètement que possible... Prenez conscience de votre posture - debout entre ciel et terre - l'attitude d'un être sain... Videz vos poumons complètement, expirez profondément, puis inspirez lentement, remplissez d'air d'abord votre ventre, ensuite votre poitrine et finalement le haut du corps... Inspirez le plus d'air que vous pouvez... Et retenez votre souffle. Vous devez vous sentir comme un gros ballon...

Tout en gardant cet air, secouez énergiquement vos épaules, les bras restant souples... Levez et abaissez-les rapidement jusqu'à ce que vous ne puissiez plus retenir votre souffle... Expirez alors fortement, uniquement par le nez... Répétez cet exercice trois fois. .. Ensuite, pensez à l'énergie qui est en vous et qui vous permettra d'obtenir le succès de votre prochaine compétition, ou de toute autre activité que vous désirez réussir... Lorsque vous êtes bien détendu et calme, ouvrez les yeux.

Ainsi, pour augmenter l'énergie physique et mentale, il faut accroître la quantité d'oxygène et d'énergie cosmique dans le corps, dans le cerveau et dans les muscles. Cet oxygène supplémentaire améliore vos réflexes et votre musculature travaillera mieux. La quantité supérieure d'oxygène dans le cerveau facilitera votre concentration et votre mémorisation en sera améliorée.

C'est la raison pour laquelle les exercices de respiration sont très importants dans les compétitions sportives ou les exercices physiques en général. Si vous arrivez à vous concentrer de façon optimale, vous augmenterez vos chances de succès. Dans le ski alpin, par exemple, il est nécessaire de se souvenir du tracé d'une descente ou d'un slalom.

A l'inverse, si vous êtes fatigué ou anxieux, vous accumulez de l'acide lactique dans vos muscles ; alors que si vous inhalez de l'oxygène, vous diminuez la quantité d'acide lactique et les toxines accumulées dans votre corps.

Donc, en exécutant des exercices de relaxation dynamique, vous pouvez intensifier votre force physique et mentale.

20e. Vous pouvez faire de la Relaxation Dynamique aussi souvent que vous le désirez. Vous avez le loisir aussi d'exécuter les exercices de respiration indiqués précédemment dès que vous vous sentez fatigué. Chaque exercice peut être pratiqué seul ou associé à d'autres.

Un autre mouvement de la relaxation dynamique permet d'augmenter la quantité du sang dans le cerveau. Nous avons déjà expliqué comment enrichir le sang en inhalant de l'oxygène, mais nous n'avons pas changé le flux du sang dans le cerveau.

- Mettez-vous debout, confortablement, les pieds légèrement écartés, en utilisant uniquement une légère tension qui vous permet de rester en équilibre, puis fermez les yeux... Détendez le visage, les épaules et votre abdomen... Respirez lentement et profondément par le ventre... Tournez la tête, de gauche à droite, comme si vous vouliez dire NON, sans bouger les épaules... plusieurs fois, lentement... Puis, dites OUI avec votre tête, dans un mouvement vertical très lent... Essayez de toucher votre poitrine avec votre menton et d'aller aussi loin que possible en arrière, sans bouger le reste du corps, lentement... en respirant profondément...

Faites cet exercice dans un mouvement aussi régulier que possible, en imaginant positivement votre avenir...

Lorsque vous avez terminé, remuez les orteils et les doigts, les bras, les jambes en les pliant légèrement l'une après l'autre, bougez les muscles de votre visage, étirez-vous, les bras bien allongés au-dessus de votre tête et, ouvrez les yeux.

Par cette action, vous créez un afflux de sang dans votre cerveau et, simultanément, vous assouplissez votre nuque, ce qui prévient l'arthrose et les céphalées.

Voici un autre exercice dans le même ordre d'idée, mais plus spécialement destiné aux compétitions sportives.

- Debout, les yeux fermés, relaxé, prenez conscience de votre corps, de votre poids sous la plante des pieds... Respirez profondément par le ventre... Penchez le haut du corps vers l'avant, en expirant, pliez-vous à la hauteur des hanches en laissant les bras relâchés... Détendez votre nuque... Remplissez vos poumons d'air en vous redressant... Faites alors des cercles avec le haut du corps, lentement, d'un côté - en arrière - de l'autre côté - en avant, en gardant les poumons pleins. Ensuite tracez un cercle dans l'autre sens, en relaxant toujours bien la nuque...

Faites cet exercice plusieurs fois, mais sans forcer. Vous allez probablement ressentir un léger étourdissement, alors expirez, videz bien vos poumons en vous penchant en avant puis redressez-vous doucement... Respirez normalement... Relaxez-vous encore davantage... Imaginez votre prochain exploit sportif, pensez à tous les détails de cette compétition imminente...

Pour ressortir de votre relaxation, effectuez les mouvements que vous connaissez - orteils - doigts - visage...

Respirez profondément, étirez-vous et ouvrez les yeux.

Si vous préférez, vous pouvez aussi imaginer le déroulement d'une action positive que vous désirez entreprendre.

Dans cet exercice, vous avez augmenté le flux du sang dans votre tête, détendu votre nuque et assoupli toute la colonne vertébrale, lieu d'énormes tensions. Vous avez renouvelé votre énergie pour réussir une compétition ou simplement reprendre vos occupations.

20f. En lisant ces pages, vous avez expérimenté, du moins je l'espère, plusieurs exercices de relaxation dynamique tels que : respiration accélérée - mouvements abdominaux - respiration totale avec mouvements des épaules - mouvement NON-OUI avec la tête et - mouvements circulaires du haut du corps.
En voici d'autres :

- En position debout, détendez-vous et fermez les yeux... Respirez lentement et profondément avec le ventre... Puis contractez simultanément les muscles du cou sans serrez les dents... Vous aurez l'impression de soulever la poitrine... Après quelques contractions et lorsque vous en aurez assez, étirez-vous... Pensez que la vie est belle, respirez à fond et ouvrez les yeux.

Ce mouvement va exercer une pression musculaire sur la glande thyroïde, laquelle va libérer une partie de ses hormones. En massant de cette façon cette glande située dans votre cou, vous pouvez modifier légèrement votre métabolisme de base et augmenter votre potentiel physique en vue de vos exploits sportifs ou autres performances.

- Debout, les yeux fermés, commencez à relaxer aussi profondément que possible tous les muscles du corps... Gardez juste la tension nécessaire pour maintenir l'équilibre. Contrôlez votre respiration abdominale... Expirez en vidant complètement vos poumons... Puis inspirez lentement par le ventre, remplissez-le d'air ainsi que votre poitrine jusqu'aux épaules. En rétention, étendez les bras devant vous, serrez les poings, et faites de grands cercles avec vos bras, rapidement tout en retenant votre respiration... Quand vous vous sentez un peu fatigué, expirez violemment - aussi rapidement que possible - par le nez, la bouche fermée, en jetant vos bras en avant, les mains ouvertes et relaxées... Répétez deux ou trois fois ces cercles vigoureux selon votre envie momen-

tannée... Relâchez-vous ensuite complètement. Prenez conscience que votre corps s'est rempli d'énergie, que vous allez être en pleine forme...

Ensuite, en prenant tout votre temps, exécutez les mouvements nécessaires à la reprise du tonus musculaire - orteils - mains - visage - tous les muscles de votre corps et ouvrez les yeux.

Vous vivez ainsi une expérience enrichissante et dynamisante pour l'accomplissement de votre sport favori ou de toute autre activité présente ou future.

20g. - *Mettez-vous debout et relaxez-vous. Après avoir détendu votre visage et vos épaules, respirez profondément et lentement avec votre abdomen... Prenez conscience de votre corps qui est limité dans l'espace et dans le temps... Acceptez-le tel qu'il est... Expirez, videz complètement vos poumons... Puis, inspirez, gonflez le ventre comme un ballon, ensuite le thorax et enfin les épaules... Lorsque vous vous sentez rempli d'air, retenez votre souffle et contractez tous les muscles de votre corps... Contractez le visage, les mâchoires, le dos, les bras, les jambes, la poitrine et tout l'abdomen, comme si vous vouliez envoyer de l'air dans tout votre corps... Quand vous êtes fatigué, relâchez brusquement tous vos muscles à la fois, en expirant fortement par le nez... Projetez-vous positivement dans l'avenir tout en reprenant le rythme normal de votre respiration... Ensuite remuez les orteils, les mains, étirez-vous longuement... Faites une respiration profonde et, lentement ouvrez les yeux.*

Cet exercice devrait vous aider à vous relaxer encore plus profondément chaque fois que vous en sentirez le besoin.

Si vous n'êtes pas très en forme, faites-le doucement, sans forcer, car il est très énergique. Si vous sentez un vertige, asseyez-vous immédiatement.

Avant de commencer cet exercice, il est souhaitable

de prévoir un lit ou une chaise à proximité. Mais ne vous inquiétez pas, avec un peu d'entraînement, vous pourrez le faire sans aucun désagrément.

Pour résumer .ces techniques de relaxation dynamique, nous pouvons dire que tous les exercices se font de la manière suivante :

a) *en position debout,*
b) *en complète relaxation,*
c) *en respirant avec le ventre.*

Puis viennent les exercices proprement dits, soit :

1) Respiration accélérée avec l'abdomen.
2) Mouvements des épaules, avec rétention d'air.
3) Mouvements de la tête OUI-NON.
4) Mouvements circulaires, avec le haut du corps.
5) Contraction du cou (massage de la thyroïde).
6) Mouvements circulaires des bras, expiration brutale
7) Contraction des muscles du corps entier.

Après chaque exercice exécuté une ou plusieurs fois :

- *Prendre conscience de toutes les sensations de son corps.*
- *Imaginer positivement le futur.*

A la fin de l'exercice, et cela est indispensable :

- *Retrouver son tonus musculaire, revenir à la réalité en bougeant progressivement les orteils, les mains, et en remuant le visage. Prendre tout son temps et respirer profondément. Puis contracter tous les muscles du corps avant d'ouvrir les yeux et retrouver son environnement.*

Il va sans dire que si vous exécutez plusieurs exercices de relaxation dynamique les uns à la suite des autres, lorsque vous les connaîtrez bien, il ne sera pas nécessaire de ressortir de votre état sophronique après chaque mouvement. Il suffit de se relaxer profondément entre chaque exercice et, lorsque vous avez terminé, de revenir lentement à l'instant présent, comme indiqué ci-dessus.

XXI L'ALIMENTATION

21a. Dis-moi ce que tu manges - Je te dirai qui tu es !

La pratique de la Sophrologie serait incomplète sans une alimentation saine et équilibrée. La nourriture, l'air et la lumière sont les bases de la vie.

La majorité des gens mangent n'importe quoi, n'importe comment, surtout ils font comme tout le monde. Si la plupart des gens mangent trop et de mauvais aliments, ce n'est pas une raison de faire la même chose, de suivre aveuglément le troupeau des moutons humains.

Etre conscient de son corps, de sa santé, c'est aussi se rendre compte de l'importance de la qualité et de la quantité des aliments dont il se nourrit. Toutes les cellules sont régénérées en fonction de la nourriture ingérée et si les composants ont de mauvaises propriétés, les cellules - donc la vie - s'en ressentiront.

Il faut être très attentif à son alimentation. Commencer par lire les étiquettes des produits, éviter les conserves, les produits contenant des agents de conservation, des colorants et des arômes artificiels. Toutes ces adjonctions provoquent une réaction de stress et diminuent fortement la résistance aux maladies.

Changer de régime, c'est changer la vie. Progressivement, il est possible de supprimer tout ce qui est nocif pour la santé et le remplacer par une nourriture naturelle choisie et bien dosée. C'est la première condition pour améliorer la qualité de la vie. Cette démarche est aussi valable pour la femme enceinte, car les cellules du fœtus sont formées de la nourriture de la mère ; si elle mange des produits toxiques pendant sa grossesse, le bébé naîtra malade ou présentera de nombreux troubles. Ce problème est bien connu des sophrologues qui conseillent un régime équilibré pendant toutes la grossesse.

21b. Tout médecin, avant de prescrire un médicament, sauf dans les cas d'urgence bien entendu, devrait se préoccuper de l'alimentation de son patient. Dans la majorité des cas, une révolution diététique améliorera la santé du malade.

Votre corps peut être comparé à un moteur très sophistiqué. Si vous alimentez votre moteur avec de l'essence de mauvaise qualité, le rendement en sera perturbé, il sera plus vite usé et nécessitera très rapidement des réparations. Il perdra son pouvoir énergétique, en d'autres termes, il deviendra malade. Il en est de même pour votre corps. Bien sûr, il a une capacité d'adaptation que le moteur n'a pas, mais malgré cela, à la longue, il cessera de fonctionner normalement et vous tomberez malade.

Comment faut-il se nourrir ? A quel ouvrage se référer ? Cela n'est guère facile, un livre entier serait nécessaire pour l'expliquer.

Actuellement, on ne peut ouvrir un journal sans y trouver un régime alimentaire. Il existe aussi une armée de livres dits «de diététique» dont la majorité n'a aucune valeur, sauf celle de vous donnner de fausses informations. Presque chaque mois un nouveau régime «révolutionnaire» nous vient d'Outre-Atlantique. Pour ne citer que quelques exemples, mentionnons la révolution diététique d'Atkins, le régime californien, celui de la clinique Mayo, celui de New-York, le régime Scarsdale ou celui de Pritikine, etc. Certains sont acceptables, d'autres, tel celui d'Atkins, franchement dangereux, voire mortel, et cela sans exagération, et je m'explique. Un régime sans aucun hydrate de carbone est antibiologique. Votre corps a besoin d'hydrates de carbone. S'il n'en reçoit pas par la nourriture, il va en synthétiser à partir de vos graisses. Cette transformation des graisses en hydrates de carbone produit une élévation catastrophique du taux de L.D.L. (low density lipoproteins), la partie dangereuse du cholestérol qui se dépose dans la paroi des artères ; résultat : artériosclérose rapide, crises cardiaques prématurées, apoplexie, hémorragies cérébrales, etc. Évidemment, avec ce régime, on perd du poids... et la vie ! Le livre le plus recommandable est celui du Dr. Kousmine : «Soyez bien dans votre assiette jusqu'à 80 ans et plus» édité chez Tchou. La base en est scientifique et ce régime vaut la peine d'être suivi, pas pour maigrir, mais pour vivre.

21c. Il est étonnant de penser, lorsqu'on parle d'alimentation, de diète, qu'il y ait toujours l'idée de maigrir, de contrôler les calories. Cela n'a rien à voir avec la diététique réelle qui s'occupe de la qualité de l'alimentation, de l'équilibre des graisses, des protéines et des hydrates de carbone.

Pour parler vraiment de diététique, il faut considérer l'homme sur ses trois plans : physique - psychique - spirituel, le carré, la croix et le cercle.

Or, tout ce qui est écrit sur l'alimentation n'est axé que sur le corps, sur la quantité des aliments ingérés, sur les calories, les hydrates de carbone, les protéines et les graisses. Bien sûr, cela est utile, mais il ne faut pas en être obsédé.

Le nombre de calories varie selon votre grandeur, votre poids, votre type physique et surtout votre activité.

Une personne sédentaire aura besoin de beaucoup moins de calories qu'un ouvrier travaillant sur un chantier et ayant de grands efforts physiques à fournir. D'autre part, cela va aussi dépendre de votre métabolisme. De même un sportif courant le marathon aura besoin de beaucoup plus de calories qu'un skieur de descente. Il n'y a pas de lois, pas de règles absolues comme on veut toujours en donner.

Quant aux produits de base, protéines, hydrates de carbone et graisses, on peut dire que notre équilibre est rompu, en Occident, car nous consommons en moyenne 15 à 20 % de protéines, 40 à 45 % d'hydrates de carbone et 40 à 45 % de graisses, soit beaucoup trop des deux derniers produits, pour ne pas avoir de problèmes circulatoires. Selon les dernières recherches dans ce domaine, pour éviter toute maladie circulatoire, cause principale de la mortalité humaine en Occident, bien plus que le cancer, on devrait se nourrir avec 10 à 15 % de protéines, 80 % d'hydrates de carbone sans monosaccharides, c'est-à-dire sans aucun sucre raffiné, mais seulement des polysaccharides, soit des sucres de fruits, graines, etc., et seulement 5 à 10 % de graisses.

Les additifs alimentaires tels que vitamines et oligoéléments sont parfaitement inutiles si on se nourrit bien de fruits et légumes frais (si possible pas traités) et surtout peu ou pas cuits. Nous vivons actuellement l'ère de la vitaminomanie, surtout aux USA où chacun se promène avec sa boîte à pilules et consomme une quantité absurde et non contrôlée de tels produits qui, s'ils sont pris en excès, peuvent devenir franchement nocifs. La nourriture est devenue si détériorée et si artificielle que les vitamines ont presque disparu des aliments de consommation courante.

21d. C'est ainsi que l'on peut classer selon Bordeaux les aliments en quatre catégories :

1) les aliments biogéniques

créent la vie et contiennent tout ce dont nous avons besoin pour être en bonne santé. Ce sont les graines, les céréales et les féculents en germination, ainsi que les jeunes pousses de salades et de légumes ;

2) les aliments bioactifs
activent et stimulent la vie. Ce sont les graines non germées, les fruits, les salades et les légumes frais, c'est-à-dire fraîchement cueillis et qui n'ont pas traîné sur des étalages ou dans des cageots ;

3) les aliments biostatiques
au contraire maintiennent la vie et ne permettent pas une biologie normale. Ce sont les aliments congelés, les aliments crus conservés et les aliments cuits et cuisinés. Cette catégorie et la suivante représentent la majorité des aliments consommés dans notre société, il n'est donc pas étonnant que beaucoup de gens soient malades.

4) les aliments biocides
qui détruisent la vie. Ce sont tous les produits raffinés, toutes les conserves et tous les additifs alimentaires : engrais, colorants, parfums, stabilisateurs, conservateurs, arômes ainsi que le résultat de l'homogénéisation et de la pasteurisation.

Pour se nourrir sainement, il faut donc essayer de consommer le plus possible les aliments biogéniques et bioactifs. Cela revient à dire qu'il est indispensable de se remettre en question, de faire sa propre révolution diététique. Il y va de notre vie.

En se nourrissant le plus possible avec des aliments crus, tout additif devient inutile. Cela ne vaut-il pas mieux que de devoir sans cesse recourir à des médicaments ? Ne serait-il pas plus sage d'éduquer les gens et de les diriger vers une alimentation équilibrée avant tout autre traitement ?

Pour reprendre l'idée de l'homme dans sa totalité, la façon d'ingérer les aliments va jouer aussi un rôle important. Il faudrait d'abord manger en silence, sans discussions inutiles, et pas devant la télévision. Sur le plan physique, il serait bon de mastiquer correctement ses aliments car si les hydrates de carbone ne sont pas imprégnés de salive (ptyaline), ils restent non digérés. Entre chaque bouchée mangée de cette façon, il serait bon de faire une profonde respiration (stimulation psychique) et en même temps spiritualiser notre nourriture en imaginant sa provenance ; quelles sont les forces mystérieuses qui en sont à l'origine, comment les aliments sont-ils arrivés jusque dans notre assiette, quel est le travail effectué pour y parvenir ? En mangeant de cette manière, nous mangerons certainement moins et nous assimilerons beaucoup mieux nos aliments. Tous les maîtres que j'ai eu l'occasion de rencontrer au gré de mes voyages mangeaient de cette façon. Cela vaut la peine d'essayer de le faire afin de se rendre compte de l'importance de ces faits, même s'ils paraissent farfelus au lecteur habitué à manger en vitesse, dans le vacarme et les discussions souvent stériles.

21e. Au niveau de la croix (monde psychique), on se trouve dans le monde vécu des symboles et des quatre éléments indispensables à la vie : le feu - l'air - l'eau - la terre.

Le feu est la lumière, la lumière est nourriture. En passant à travers les yeux, les ondes lumineuses règlent le métabolisme hormonal en créant une stimulation de la glande pinéale (épiphyse) et de l'hypophyse. Cette découverte relativement récente a permis de trouver une multitude de dérèglements hormonaux chez les porteurs de lunettes ou de verres de contact. Ces personnes devraient absolument chaque jour permettre à la lumière de pénétrer directement à travers leurs yeux au moins pendant quelques instants, sans aucune vitre ou verre. En ce sens, les lunettes de soleil que certaines personnes portent constamment sont une absurdité, sauf à la montagne. Nos yeux ont été créés par dame nature pour s'adapter à toutes les lumières, nous n'avons pas besoin de protection en basse altitude.

Nous savons actuellement que les divers éléments de la lumière blanche, les sept couleurs de l'arc-en-ciel, ont une action spécifique sur certains organes à travers le système endocrinien. Par exemple, le vert stimule le système digestif, tout particulièrement l'estomac, le rouge excite le système nerveux sympathique alors que le bleu le calme, l'orange agit sur la rate, etc. Ces découvertes ont permis de mettre au point la «syntonic therapy», ou thérapie par les couleurs, utilisée largement aux USA, surtout en Californie, avec des résultats thérapeutiques étonnants.

L'air est aussi une nourriture, d'où l'importance capitale de la respiration. L'oxygène est indispensable à la vie ; à lui seul, notre cerveau consomme 30 % de tout l'oxygène inhalé, c'est notre nourriture principale. Cela explique pourquoi, en Sophrologie, nous insistons tant sur l'importance de la respiration dès les premiers cours. L'homme occidental respire en général juste assez pour se maintenir en vie, mais pas assez pour être en bonne santé. En plus de l'oxygène, l'air contient un principe actif de vie, «le prâna, ou le Tchi ou le Ki». C'est l'énergie vitale qui entre dans le corps par le nez. Sans ce principe nutritif énergétique la vie devient impossible, d'où l'importance de la respiration nasale.

Le troisième élément est *l'eau* qui compose plus de 75 % de notre corps. Il faut boire énormément d'eau, environ trois litres par jour, entre les repas. La qualité de cette eau doit être bonne, si possible légèrement acide, réduite et à très forte résistivité, c'est-à-dire qui n'est pas trop minéralisée, une eau pure. La meilleure eau que je connaisse est l'eau de «Volvic», elle répond à ces critères. La majorité des eaux minérales sont alcalines et oxydées, donc toxiques pour le corps humain. Il serait trop long d'entrer ici dans les détails, un livre spécial serait nécessaire pour expliquer le pourquoi de ces affirmations. En tous les cas, les boissons les plus habituelles telles que café, thé, soft drinks (boissons sucrées) et alcools n'ont rien à faire dans le corps humain, il faudrait les supprimer complètement.

Le quatrième élément est *la terre*. Là se trouvent tous les aliments consistants dont nous avons parlé précédemment et qui doivent être judicieusement choisis.

Concernant l'alimentation au niveau du cercle, c'est-à-dire de l'esprit, on peut en dire quelques mots. Il ne s'agit alors plus de parler de calories ou de quantités, mais de qualités essentielles. On se trouve au niveau de la symbolique divine. Dans le TAO tout va être basé sur les lois des 5 éléments : le bois - le feu - la terre - le métal - l'eau. L'alimentation, à ce niveau, va être adaptée aux dérèglements énergétiques de la personne et aux besoins de la saison. Il n'existe plus de lois généralisées, mais seulement des règles individuelles qui peuvent être données par le médecin formé spécialement en médecine traditionnelle.

21f. Les techniques de la Sophrologie pourront être utilisées en diététique, tout particulièrement pour aider un patient à suivre un régime particulier. De toute manière, je ne conçois pas une thérapie quelconque sans y adjoindre un changement alimentaire.

Pour le traitement de l'obésité et de l'anorexie mentale, la sophrothérapie est très efficace. Au lieu de se limiter simplement à diminuer ou compter le nombre des calories, elle met à la disposition du thérapeute des moyens permettant de comprendre, trouver et intégrer la ou les causes de ces maladies. De plus, grâce à la sophro-acceptation-progressive, il sera possible, d'une certaine façon, de mettre «un programme alimentaire nouveau dans le cerveau», qui sera subliminalement accepté, et de vivre par anticipation la forme de notre corps futur.

Des maladies telles que l'anorexie et la boulimie, qui sont très proches, ne sont guère faciles à traiter. Par la sophroanamnèse, on pourra peu à peu découvrir la motivation inconsciente de tels processus maladifs et l'on pourra remotiver le patient à manger ou au contraire à diminuer sa consommation alimentaire.

Dans ce domaine, rien n'est simple. Chaque cas doit être considéré à titre personnel, il n'y a pas de règles générales. Les traitements de l'obésité proposés un peu partout dans le monde, dans des centres ou cliniques spécialisés ne tiennent pas, car tout est basé uniquement sur le carré, c'est-à-dire les calories. Tout patient obèse nécessite une rééquilibration totale de son individualité. Un régime seul ne donne que des résultats spectaculaires à brève échéance, mais éphémères. La sophrothérapie, associée au régime, peut donner des résultats définitifs sans rechutes.

XXII LA FUMÉE

22a. Fumer est très dangereux pour la santé, tous les fumeurs le savent probablement, mais ils pensent que cela ne les concerne pas, que les accidents n'arrivent qu'aux autres. C'est faux évidemment et cela ne résout pas le problème de la fumée.

A partir d'une dizaine de cigarettes par jour, un fumeur ruine progressivement sa santé et provoque d'importantes modifications dans tout son organisme. On peut dire que celui qui fume journellement plus de dix cigarettes est névrotique, donc malade.

Avant de vous indiquer comment vous pouvez cesser de fumer, je vais vous expliquer pourquoi vous fumez et essayer ensuite de vous donner l'envie d'arrêter. Sans une profonde motivation, cela ne vaut même pas la peine de tenter cette démarche.

Il faut savoir que la nicotine, hautement toxique, pénètre instantanément dans le sang par les muqueuses de la langue, elle augmente immédiatement le taux des L.D.L. (low density lipoproteins). Ces lipoprotéines sont une des composantes du cholestérol des plus nocives qui pénètrent dans les parois des artères, s'y fixent et les rendent beaucoup plus fragiles, plus cassantes. C'est le commencement de l'artériosclérose avec sa suite d'inconvénients tels que l'hypertension, l'hémorragie cérébrale, l'infarctus et l'angine de poitrine. En même temps, la nicotine détruit les catécholamines, agents chimiques de la liaison entre les neurones. Si les catécholamines du cerveau sont anéanties par la nicotine, le fumeur perd la mémoire et ses facultés de concentration, autrement dit, il diminue son intelligence.

En plus de la nicotine, le goudron produit par le papier à cigarettes est aussi absorbé régulièrement. Le goudron est hautement cancérigène, il pénètre et recouvre peu à peu les muqueuses de la bouche, les bronches et les alvéoles pulmonaires. Les échanges gazeux entre les poumons et le sang sont affaiblis, l'oxygène est moins bien diffusé dans le corps, le gaz carbonique moins bien éliminé. Chaque cellule souffre de ce manque d'oxygène et spécialement celles du cerveau. Si le cerveau est mal oxygéné, les facultés mentales s'amenuisent et l'intelligence diminue, alors que normalement seulement un pour cent des neurones du cerveau sont utilisés, la conclusion est évidente, que reste-t-il ?

Le goudron provoque le cancer, c'est un constat. Si l'on frotte la peau d'une souris avec du goudron, elle va développer un cancer de la peau au bout d'une semaine. Chaque année, des milliers de fumeurs meurent du cancer des poumons, de la bouche, de la gorge ou de l'estomac. Le cancer des fumeurs est le plus terrible, avant la mort, il provoque de grandes souffrances.

Cela ne vaut vraiment pas la peine de fumer si l'on pense quelques secondes aux conséquences. En plus de tous les effets précités altérant l'organisme, on constate d'abord une petite toux opiniâtre, puis une bronchite qui devient chronique, elle-même suivie d'une quantité d'autres troubles.

Et personne n'échappe à ces symptômes.

22b. Si la motivation est devenue assez forte pour essayer de se passer de la fumée, il faut encore comprendre d'où vient cette habitude. Très souvent, fumer est une projection symbolique de la phase orale de son enfance, qui correspond à têter le sein maternel. Ensuite viennent le geste, la manie, l'accoutumance et la dépendance.

En interrompant la têtée des cigarettes, on supprime avant tout un besoin de succion inconscient. Cette carence sera souvent compensée par la nourriture, c'est très compréhensible. Il est donc possible, quand vous arrêterez de fumer, que vous ayez envie de manger plus et que vous preniez un peu de poids. Pour éviter cet inconvénient, vous pouvez remplacer les aliments par du chewing-gum sans sucre, ou en mettant un crayon ou un morceau de bois entre vos lèvres en le mordillant très légèrement. Quant à la nicotine, si vous souffrez vraiment trop, au début, de ne plus avoir votre dose et que l'envie devient trop forte, vous pouvez prendre à 2 mg, des «Nicorette» (chewing-gum à la nicotine), mais seulement pendant un temps très court.
N'oubliez jamais que la nicotine est très nuisible pour les vaisseaux sanguins et le cerveau.

Lorsque vous vous sentirez capable de cesser de fumer, vous allez aussi renforcer votre confiance en vous, alors ne vous décevez pas.

Si vous fumez moins de vingt cigarettes par jour, vous pouvez sans autre essayer d'arrêter tout de suite et complètement, avec l'aide de la Sophrologie.

- Étendez-vous confortablement, fermez les yeux et relaxez-vous. . . Lorsque vous serez bien détendu, imaginez devant vos yeux un écran de couleur, n'importe quelle couleur. . . Mettez une cigarette au centre de cette image. . . Pendant que vous la fixez, pensez à tous les dangers qu'elle représente pour votre santé, et même pour votre vie. . . Représentez-vous la nicotine détruisant insidieusement votre système circulatoire et vos aptitudes cérébrales, en même

temps que le goudron couvre de plus en plus vos bronches. Imaginez combien vos poumons deviennent noirs avec la fumée. . . Essayez de ressentir un dégoût, le seul fait de regarder une cigarette vous donne la nausée. . . Alors vous devenez agressif envers cette cigarette qui se consume. Mentalement, vous la prenez, vous l'éteignez, vous la déchirez, vous la détruisez complètement, et vous la jetez loin de vous. . . Vous êtes tellement en colère que vous avez l'intention de jeter tous les paquets de cigarettes en votre possession. . . Vous n'allez plus vous en procurer, car vous n'en aurez plus envie. . .

- Après vous être représenté cette scène dans tous ses détails, inspirez et expirez profondément. . . plusieurs fois, puis analysez vos sensations. . . peut-être ressentez-vous un bien-être retrouvé et que vous ne voulez plus perdre, à n'importe quel prix. . . Remuez alors les orteils et les doigts, remuez bien tout votre visage et tous vos membres, étirez-vous avec plaisir, complètement, puis, ouvrez les yeux.

Vous avez programmé, ainsi, en état sophronique, un réflexe de répulsion envers les cigarettes et le désir de ne plus fumer.

Si cette démarche ne réussit pas la première fois, ne vous découragez pas, recommencez et vous y arriverez.

22c. Si vous fumez plus d'un paquet de cigarettes par jour, il vous faudra encore une autre technique.

Fumer calme les nerfs, les tensions, c'est vrai, mais c'est aussi un procédé dangereux. Vous savez parfaitement que vous fumez beaucoup plus lorsque vous avez des problèmes, ou avec des gens stressés qui fument trop eux aussi, ou encore dans vos moments d'inactivité, ou seul, car vous êtes vous-même dans un état stressé. Cela s'explique par le fait que la nicotine neutralise les catécholamines, dont la noradrénaline et la dopamine, qui sont plus concentrées dans le cerveau en situation de stress. Pourtant, elles sont très importantes comme liaison entre les neurones. En les neutralisant, vous consumez une partie de votre intelligence, vous perdez la mémoire et votre pouvoir de concentration, comme nous l'avons déjà dit.

La plupart du temps, lorsque vous fumez énormément, vous n'êtes même plus conscient lorsque vous allumez une bonne partie de vos cigarettes. Vous faites ce geste automatiquement, comme un robot, vous avez créé un réflexe conditionné. Dans votre nervosité, il est devenu indispensable que vous ayez toujours quelque chose dans les mains et dans la bouche. C'est une façon de combler, inconsciemment, un besoin enfoui du sein maternel, mais au lieu de vous nourrir, la fumée détruit le système circulatoire, les poumons et le cerveau. Ne pensez-vous pas qu'il serait temps de ne plus vous materner et de vous prouver que vous possédez une entière autonomie ? Vous êtes capable de démontrer que vous n'êtes pas esclave d'un besoin plus fort que la volonté.

Lorsque vous aurez acquis la conviction que fumer est réellement mauvais pour votre santé, vous n'aurez plus aucune excuse pour réfuter cette motivation. Mais si vous êtes un grand fumeur, il n'est pas indiqué d'arrêter soudainement, car vous risquez de créer inconsciemment une compensation. Il faut donc permettre à votre organisme de s'habituer peu à peu à recevoir moins de drogue, et par la suite plus du tout.

Pour vous aider à programmer un effort dosé, vous pouvez agir sur votre inconscient de la manière suivante :

- Étendez-vous, fermez les yeux, détendez bien tout votre corps en commençant par le visage, tous les membres et jusqu'au bout des pieds. . . Complètement relaxé, sentez-vous comme une partie importante de cette terre où vous vivez. . . Essayez de vous imaginer vos prochaines journées avec toutes vos occupations et dites-vous mentalement, par exemple :

- Je ne fumerai pas avant 10 h. le matin et plus après 18 h. pendant les dix prochains jours. Je n'aurai aucun plaisir à fumer avant ou après ces heures. . . Durant la journée, je vais être conscient chaque fois que j'allume une cigarette et en la fumant je penserai à tous les méfaits qu'elle cause à mon organisme. . . Répétez cela plusieurs fois. Puis ressortez lentement de votre détente, en respirant à fond, vous vous sentez déjà beaucoup mieux. . . Remettez en action tous les muscles de votre corps avant d'ouvrir les yeux.

Si vous prenez le temps de faire cette relaxation tous les jours, vous serez surpris de voir que cela marche. Parlez ainsi à votre inconscient, il vous répondra. Peut-être même que vous pourrez écourter cette période de dix jours.

Il est bien entendu que lors de cet entraînement, vous supprimez chaque fois un jour (pendant les 9, 8, 7, etc. prochains jours) et que les heures prévues sans fumer sont laissées à votre appréciation.

Ensuite, programmez un nouveau cycle de 10 jours en augmentant les heures défendues le matin et le soir (11 et 17 h - 12 et 16 h, etc). Vous pouvez aussi prévoir vos heures différemment, par exemple, pas avant 9 h, et pas non plus de 14 à 17 h, etc. Si vous avez triché dans le respect du temps établi sans fumer, continuez vos relaxations en prévoyant la même tranche d'heures, jusqu'à ce que le temps prévu sans cigarettes soit respecté.

En suivant cette méthode, vous réussirez, si vous le désirez vraiment. Gardez sans cesse à l'esprit votre motivation. N'oubliez pas que cesser de fumer est une question de vie ou de mort pour les grands fumeurs.

22d. En ce qui concerne la nicotine, les effets sont identiques pour la cigarette, le cigare ou la pipe. La nicotine pénètre dans le corps directement par la langue et il n'est pas nécessaire «d'avaler» la fumée pour être intoxiqué. Dans le cigare ou la pipe, on évite le goudron provenant du papier des cigarettes, donc on limite un peu le cancer, mais tous les ennuis concernant le problème circulatoire restent les mêmes dans les trois cas.

Les jeunes devraient être les premiers motivés à supprimer la fumée, ou à ne jamais s'engager dans cette voie. Malheureusement, ils commencent à fumer au moment de l'adolescence, juste pour faire comme les autres, comme un mouton, pour copier un modèle que la société offre généreusement. Au début, les jeunes pensent qu'en fumant, ils agissent en adulte. Ils fument pour copier les parents ou, au contraire, par opposition à leur opinion. Psychologiquement, le fait de fumer, lié à la phase orale non résolue de l'enfance, est encore plus présente chez l'adolescent ; la plupart recherchent inconsciemment le sein maternel, ils adoptent un comportement d'enfant, exactement le contraire de ce qu'ils avaient l'intention de prouver.

Au commencement, ce n'est pas très agréable, on se dit que quelques cigarettes suffiront à donner l'attitude recherchée car on n'aime pas vraiment la fumée. Mais l'habitude est très vite prise, rapidement l'organisme a besoin de cette drogue et se rebiffe s'il n'en reçoit pas assez. En cela, la nicotine est identique à l'alcool, la morphine ou l'héroïne, elle devient nécessaire, elle rend le fumeur esclave et dépendant de sa fumée. En d'autres termes, elle affaiblit quiconque en abuse.

La Sophrologie permet de se connaître soi-même, elle renforce la confiance en soi. Elle offre la possibilité de réaliser que la volonté, l'imagination surtout, peuvent être plus fortes que le besoin. Chacun est capable de se débarrasser de l'envie de fumer, ou de toute autre drogue.

En plus des méthodes de relaxation, voici encore quelques moyens pratiques qui peuvent aider les gros fumeurs dans leur effort de sevrage.

Pour rompre le réflexe conditionné, ne fumer que

les cigarettes qui vous feront vraiment plaisir. En acheter peu à la fois et mettre le paquet entamé dans une boîte fermée, à une place où vous serez obligé de vous déplacer pour l'atteindre. Chaque fois que vous avez le paquet en mains, demandez-vous si vous allez satisfaire un besoin vital, si la réponse est négative, ne fumez pas cette fois-ci.

Lorsque l'automatisme est rompu, il est facile de commencer à diminuer la quantité de cigarettes «nécessaires». Puis, ayant acquis le contrôle du geste, on peut mettre dans le paquet juste le nombre de cigarettes prévu pour la journée, et ne pas en accepter d'autres. Entre temps, on peut mâcher du chewing-gum ou sucer un crayon, mais ne pas en faire une nouvelle habitude. Il vaut mieux éviter de manger à tout moment, pour compenser, afin de ne pas prendre un poids excessif qui ne ferait pas spécialement plaisir.

En conclusion, si vous êtes un grand fumeur, il n'est pas forcément bon d'arrêter brusquement, car si l'envie demeure trop forte et trop longtemps, vous allez créer un symptôme de substitution qui sera l'agressivité, l'obésité ou même une névrose.

Alors utilisez la manière qui sera la plus adaptée à votre cas personnel, et persévérez.

22e. Les statistiques montrent qu'en France, pays de cinquante millions d'habitants, la fumée est responsable de 25 % des maladies cardiaques, de 35 % des décès, et de 95 % des cancers mortels des poumons. Les bronchites chroniques des fumeurs coûtent aux assurances 4 milliards de francs, davantage que le revenu de la vente des cigarettes. Aux Etats-Unis, ce sont 5.500 millions de dollars qui sont dépensés chaque année pour des maladies provenant du tabac, et ce chiffre doit être très en dessous de la vérité. Il est facile d'imaginer tout ce qu'il serait possible d'entreprendre avec tout cet argent que nous vilipendons.

Si on y ajoute l'argent dépensé pour les cigarettes elles-mêmes, on pourrait nourrir le tiers de l'humanité qui souffre de la faim.

Il n'est pas interdit de faire un calcul semblable pour ses dépenses personnelles, celles qui s'envolent en fumée, on serait surpris de la somme que cela représente pour une année.

Il faut encore rappeler que 20 cigarettes fumées chaque jour paralysent les cils vibratils des bronches. La poussière aspirée pénètre directement les poumons et ne peut plus en sortir ; normalement, ces cils enlèvent la poussière et les substances polluantes des poumons mais, lorsqu'ils sont paralysés, les muqueuses commencent à s'infecter et se détruisent peu à peu. L'échange gazeux ne peut plus se faire normalement et les cellules accumulent du CO2. Le dernier stade est la rupture des alvéoles pulmonaires et la mort. Le goudron recouvrant les muqueuses bloque aussi partiellement l'oxygène et l'empêche d'atteindre toutes les cellules. Comme chacun respire déjà juste ce qu'il faut pour rester en vie, imaginez ce qui se passe chez un fumeur, c'est une vraie catastrophe physique et psychologique. Ceci est le cheminement et l'issue de tous les grands fumeurs, désirez-vous toujours en faire partie ?

Il y a une dernière chose à savoir. En étant non fumeur, nous absorbons autant de fumée que les adeptes du tabac, dans un restaurant ou chez des amis par exemple. Ainsi les fumeurs intoxiquent tout le monde, y compris ceux qui ont fait l'effort de polluer un peu moins l'atmosphère en cessant complètement de fumer. Il y a de plus en plus de personnes dans ce cas, ce qui est encourageant. Fumer est le plus souvent interdit dans les endroits publics, il y a des compartiments «non fumeurs» dans les trains, les avions, et certaines salles sont maintenant réservées également dans beaucoup de cafés et restaurants. Cela représente déjà un bel effort collectif pour préserver une partie de l'humanité contre les effets toxiques du tabac.

Il n'y a absolument RIEN DE POSITIF dans le fait de fumer.

«L'être humain est le seul animal assez intelligent pour avoir une conduite aussi stupide !»

XXIII LA MÉDECINE MODERNE

23a. La médecine moderne peut parfois être très dangereuse. Beaucoup de médecins ont appris à donner des médicaments et à rédiger des ordonnances pour supprimer les symptômes. Certains se limitent à cette thérapie seulement sans prendre en considération le malade en tant qu'entité et sans considérer la causalité des symptômes le plus souvent dus à un excès d'agents stressants et à un déséquilibre dans la vie. Faites confiance à votre médecin tant qu'il ne vous inonde pas de plus de trois médicaments ; dans le cas contraire, changez de médecin pendant qu'il en est encore temps. Votre vie peut être en danger. Souvenez-vous que tout médicament a un effet toxique sur votre corps et que certains d'entre eux se combinent pour avoir une action synergique ou pour se neutraliser. Dans notre médecine moderne, la majorité des médicaments ont des effets secondaires et sont iatrogènes (capables de provoquer des maladies). La banale aspirine, par exemple, provoque des microhémorragies dans l'estomac et le duodénum ; d'autre part, quinze jours après avoir avalé une aspirine, on trouve encore de l'acide salicylique dans votre transpiration. Imaginez les dégâts si vous prenez régulièrement de tels produits. Aucun médicament ne devrait être pris sans prescription médicale. Nous l'avons déjà dit mais il nous paraît important d'insister sur ce point.

Si la médecine moderne est capable de vous rendre malade, elle peut aussi sauver votre vie, tous les progrès sont là pour le prouver. Mais il faut apprendre la juste mesure et surtout ne pas devenir pharmaco- ou médico-dépendant. Votre santé dépend beaucoup plus de vous-mêmes que des moyens artificiels de la médecine. Dans la majorité des cas, on peut dire que vous êtes la source de vos symptômes et que c'est à vous, avec l'aide d'un spécialiste, d'apprendre à vous en débarrasser.

N'oubliez pas que vous êtes vous-même le meilleur médicament. La Sophrologie vous enseigne à comprendre «le pourquoi» de votre maladie et comment vous guérir en ayant le moins de recours possible à la chimie. La détente permanente face à n'importe quel problème est une excellente prévention des maladies fonctionnelles.

23b. Se débarrasser d'une douleur avec un médicament est souvent nécessaire et très utile. Cependant, lorsque vous souffrez d'une maladie fonctionnelle, cette sorte de thérapie utilisée seule n'est pas suffisante et peut même être nuisible.

PARADIGME DE LA MÉDECINE ALLOPATHIQUE	PARADIGME DE LA SOPHROLOGIE
Traitement des SYMPTOMES	Traitement de la CAUSE DES SYMPTOMES + traitement des symptômes
Spécialités - On traite l'ORGANE, la MALADIE	Traitement INTÉGRAL DU MALADE
Accent mis sur l'EFFICACITÉ	Accent mis sur la VALEUR HUMAINE

Le thérapeute devrait être neutre	Les attentions du thérapeute sont importantes pour la guérison
La douleur et la maladie sont 100 % négatives	La douleur et la maladie sont des informations émanant d'un conflit, du manque d'harmonie
Intervention principale : MÉDICAMENTS, CHIRURGIE	Action sur la CAUSALITÉ, minimum de médication et de chirurgie
Le corps vu comme une MACHINE EN BON OU MAUVAIS ETAT	Le corps est un SYSTEME DYNAMIQUE et ÉNERGÉTIQUE
La MALADIE est vue comme une ENTITÉ	La MALADIE est vue comme un PROCESSUS
VOLONTÉ D'ÉLIMINER LES SYMPTOMES	VOLONTÉ D'ATTEINDRE UN BIEN-ETRE OPTIMAL
Le PATIENT est DÉPENDANT	Le PATIENT est AUTONOME
Le PATIENT est IRRESPONSABLE	Le PATIENT est RESPONSABLE
Le THÉRAPEUTE est une AUTORITÉ	Le THÉRAPEUTE est un PARTENAIRE thérapeutique
Le MÉDECIN a le POUVOIR	Le MALADE a le POUVOIR
Seul le CORPS existe	L'essentiel est le MENTAL et le SPIRITUEL

Le médicament est actif en soi	Le médicament peut être actif en soi, mais LA FACON DE LE PRESCRIRE est fondamentale
L'imagination ne joue aucun rôle	L'imagination est essentielle
Confiance seulement dans L'INFORMATION QUANTITATIVE (analyses)	Confiance essentiellement dans L'INFORMATION QUALITATIVE
L'intuition, pouvoir de l'esprit, n'existe pas, car elle n'est pas scientifique	L'intuition du thérapeute est fondamentale
Tout est fondé sur l'EXPÉRIENCE QUANTITATIVE	Tout est basé sur LE VÉCU
La prévention est basée sur le matérialisme et le quantitatif : vaccination, vitamines, exercices	La prévention englobe la totalité des aspects de la vie qualitative - importance des relations humaines
Tout est basé sur la RAISON	Tout est basé sur l'AMOUR

Voici un exemple : un médecin moderne voit un symptôme comme une petite rivière qui coule ; pour l'arrêter, il prescrit des médicaments, en d'autres termes, il construit un barrage pour stopper le ruisseau. Le symptôme disparaît, mais la cause qui se trouve derrière le barrage reste exactement la même. Après un certain temps, le barrage sera plein et l'eau va de nouveau s'écouler : un autre symptôme apparaît. Vous vous rendez chez un autre spécialiste qui applique la même thérapie, il arrête le symptôme et construit un barrage plus haut. Et ainsi de suite, pendant des années, vous allez d'un spécialiste à l'autre. Lorsque le barrage devient trop haut, la pression de l'eau derrière la paroi de béton devient si forte que, finalement, le barrage s'écroule : vous mourrez d'une attaque ou d'un infarctus. En d'autres termes nous disons que vous êtes «iatrogéniquement» mort, ce qui signifie que la mort survient parce que les soins que vous avez reçus étaient seulement symptomatiques et ne s'occupaient pas du tout de la causalité. Il est nécessaire de supprimer le symptôme d'une maladie mais, en même temps, il est indispensable de trouver la cause, de stopper la source à son début. C'est ce que nous faisons avec la Sophrothérapie.

Voici un exemple pratique :

Monsieur Jacques H. a un ulcère d'estomac. Sa vie est très agitée, il subit sans arrêt une multitude d'agents stressants, il doit résoudre des problèmes professionnels et familiaux. Après chaque repas, il a des douleurs qui deviennent insoutenables et il décide de consulter un spécialiste concernant ses troubles digestifs. On fait des radiographies, le mal est diagnostiqué et le médecin commence une thérapie avec du «Tagamet», certainement le meilleur médicament contre les ulcères de l'estomac. Après cette thérapie, les contrôles montrent que l'ulcère a complètement disparu. Monsieur J.H. n'a plus de douleurs. Cependant, il ne change en rien sa façon de vivre et continue ses activités dans un stress constant. Trois mois plus tard, il présente un eczéma autour de l'anus et sur les mains. Le dermatologue consulté prescrit un médicament à base de cortisone. L'eczéma disparaît après quelques semaines. Six mois plus tard, le même patient présente de l'asthme, il a régulièrement des crises pendant la nuit. Le spécialiste des maladies pulmonaires lui fait des injections de cortisone ainsi que des tests pour déceler à quoi il est allergique ou, si vous préférez, l'agent qui a déclenché un asthme chez lui. Après plusieurs mois de cette thérapie, l'asthme a disparu, ce patient n'a plus de crises, il ne souffre plus et il travaille de nouveau comme avant. Deux mois plus tard, Monsieur J.H. est trouvé mort dans son lit, il a eu une attaque pendant la nuit.

Si, au début de sa maladie, le médecin avait essayé de rechercher la cause de l'ulcère de l'estomac de son patient, s'il l'avait conseillé et aidé à réorganiser sa vie et son travail, Monsieur J.H. serait certainement encore en vie. Il avait 42 ans et deux enfants !

23c. Une ordonnance est quelquefois nécessaire et utile. Pourtant, l'effet psychologique est souvent plus puissant que le médicament lui-même. Si nous considérons que, dans les pays occidentaux aujourd'hui, à peu près 80 à 90 % des maladies sont fonctionnelles, c'est-à-dire liées à un stress trop élevé, nous pouvons dire que l'activité chimique de la plupart des médicaments se révèle très faible. Ce qui paraît beaucoup plus important que la chimie est la qualité de la relation entre le médecin et son patient et une confiance totale du patient lui-même. En d'autres termes, la façon de donner le médicament est souvent plus importante que le remède lui-même. La réaction psychologique du malade est primordiale face aux médicaments dans le traitement des maladies fonctionnelles. Ce que nous appelons «l'effet placebo» peut être la seule activité réelle du remède, excepté en ce qui concerne les réactions secondaires. Il est très difficile de savoir si le produit chimique agit vraiment, sauf pour certains remèdes très importants tels que les antibiotiques, les anti-douleurs, etc. Mais, même pour ceux-ci, l'effet placebo existe et peut être très fort.

Nous pouvons redire que le meilleur médicament est le patient lui-même. Il faut savoir que 60 % de tous les symptômes disparaissent d'eux-mêmes, sans aucun traitement. Souvent, la thérapie retarde la guérison. Il est facile de le prouver.

Madame Ida R., 39 ans, souffre de douleurs dans le

ventre. Elle se rend chez un gynécologue qui se montre très distant, il ne parle presque pas et n'a aucun contact humain avec sa patiente. Mais il est très capable et hautement scientifique, il est Professeur à la Faculté de Médecine de l'endroit. Il utilise des mots sophistiqués pour expliquer le symptôme et il donne à cette patiente une ordonnance composée de quatre médicaments différents. Elle suit consciencieusement les prescriptions de son médecin, mais rien ne se passe, au contraire, en plus de ses douleurs qui continuent, elle se plaint de réactions allergiques aux médicaments (notamment maux de tête). Deux mois plus tard, ne voyant aucune amélioration, Madame I.R. décide de consulter un autre médecin, celui qui soigne son mari et ses enfants ; il est médecin généraliste. Celui-ci la reçoit aimablement et amicalement, il commence par lui parler de sa famille, de ses problèmes en relation avec son mari, ses enfants. Il lui explique que ses douleurs peuvent être la conséquence de tensions psychologiques. Il ne lui donnera aucun remède avant d'avoir les résultats des analyses du sang et des contrôles du tube digestif et des organes génitaux. Il lui apprend à se détendre avec des exercices faciles. Deux jours plus tard, la douleur a complètement disparu et n'est plus jamais revenue.

Dans cet exemple, nous pouvons constater l'importance de la relation médecin/patient, et combien il est important de prendre en considération le patient comme un être humain responsable.

23d. Liée à la médecine moderne, la sophrothérapie est très active. Une bonne relation entre le médecin et le malade est certainement la part la plus importante de toute thérapie. Voici quelques exemples qui démontrent à quel point le côté psychologique d'un patient peut influencer son traitement.

Je donnais un cours à des médecins de l'hôpital Lariboisière, à Paris, losqu'un professeur de la Faculté de Stomatologie me demanda si j'étais d'accord de voir une de ses patientes pour essayer de trouver une solution à une douleur très vive qu'elle avait à la mâchoire inférieure. Cette femme de 59 ans venait chaque jour à l'hôpital, se plaignant d'une douleur terrible au niveau du menton. Des radiographies avaient été faites, on lui avait enlevé toutes ses dents mais il avait été impossible de trouver quelque chose de pathologique. On me présenta comme un spécialiste suisse et je l'examinai en détail. Je ne remarquai rien de particulier si ce n'est un état très nerveux qui devait durer depuis longtemps. Immédiatement, je commençai à lui raconter des histoires en lui affirmant que j'avais trouvé ce qu'elle avait, j'allais lui supprimer sa douleur. Je lui injectai une goutte d'anesthésique local, j'incisai la gencive, je raclai un peu l'os de façon à faire assez de bruit, puis je fis un point de suture en l'assurant que dès lors elle se porterait mieux, sa douleur allait disparaître. Elle revint le jour suivant très contente et ne souffrant plus du tout.

J'avais fait une opération placebo qui avait exercé une action très positive sur son esprit. Elle avait une douleur "nerveuse" et aucun traitement n'aurait pu être efficace, excepté peut-être une psychothérapie longue et difficile.

Je me souviens d'un autre cas, toujours à Paris, on me demanda de voir une patiente, Madame Kathy H., 36 ans. Elle était alitée depuis des années et ne pouvait pas se lever pour la bonne raison que chaque fois qu'elle essayait de sortir de son lit, elle avait une douleur très aiguë à l'anus, comme si un couteau pénétrait dans son ventre. Elle avait vu une quantité de spécialistes, neurologues, gynécologues, entérologues, etc. Personne ne pouvait comprendre ce qui se passait. Certains pensaient que le mal provenait du rectum, d'autres de la matrice et d'autres encore d'un trouble des glandes endocrines. En désespoir de cause, on avait décidé de l'opérer et de lui enlever la matrice. Je l'ai vue deux semaines avant l'intervention.

Immédiatement, j'ai eu un excellent contact avec elle, nous avons parlé de sa famille, de son mari, de ses deux enfants. Elle avait un gros problème non résolu concernant sa relation avec son époux. J'ai remarqué qu'elle était très nerveuse. Son fils avait du diabète et celui-ci avait débuté, en même temps sa douleur était devenue plus intense. J'ai donc tout de suite pensé à une douleur psychologique. Pour commencer, j'ai utilisé une sophrothérapie légère, sa douleur disparut pour revenir quelques jours après. Pendant le traitement, je me suis rendu compte qu'il y avait une relation directe entre sa douleur et le diabète de son fils, mais que la cause devait être beaucoup plus lointaine. Une sophrothérapie spécialement adaptée, pendant trois mois, l'a guérie complètement et sa douleur ne revint jamais.

23e. Le cas de Madame Kathy H. est très fréquent. Beaucoup de symptômes ont une cause psychologique. La sophrothérapie légère utilisée avec elle était suffisante pour arrêter la douleur, mais n'était pas une thérapie causale profonde. Lorsque la patiente fut mise en confiance, j'ai utilisé une méthode sophrologique plus approfondie pour comprendre la cause de sa douleur et l'éliminer définitivement. Dans ce cas, elle fut assez facile à déceler. Madame K.H. s'était mariée dans le seul but d'échapper à ses parents. Elle avait épousé un homme qu'elle n'aimait pas, mais qui était amoureux d'elle et qui était très gentil. Le jour après son mariage, sa douleur s'est déclarée, c'était la manifestation symbolique de l'expression courante : J'en ai "plein le cul" de mon mari. Dès que nous avons pu rendre conscient ce symbole venant de son inconscient, le symptôme a disparu.

Cet exemple montre comment la Sophrologie peut aider notre médecine scientifique moderne. Dans ce cas, la patiente a gardé de justesse ses organes, mais le plus souvent, une thérapie sophrologique est commencée trop tard, l'hystérectomie ou ablation de divers organes a déjà eu lieu lorsque nous sommes consultés. Malheureusement, de tels cas sont fréquents et quelques-uns sont très tristes, comme le cas suivant qui est assez récent.

Une très belle jeune femme de 28 ans vient me consulter pour une dépression. A 25 ans, elle fut atteinte d'une constipation chronique nécessitant une aide chimique permanente. Son médecin décida alors un traitement plus décisif, celui de raccourcir le gros intestin. Elle fut opérée et le chirurgien lui enleva une partie du colon. Dix jours plus tard, elle fit une occlusion intestinale qui nécessita une deuxième opération. Après cela, elle ne pouvait plus uriner et on lui plaça une sonde dans la vessie, mais en l'introduisant, l'infirmière fut maladroite et lui perfora la vessie. Cet accident fut suivi d'une grosse infection de tout l'abdomen, et spécialement de la matrice. On dut faire une troisième intervention et on lui enleva l'utérus. Après ces différentes opérations, elle ne fut pas uniquement stérile, ce qui était déjà une catastrophe car elle venait de se marier, mais elle souffrit d'une diarrhée persistante qui venait du fait que le chirurgien avait enlevé une trop grande partie de son colon. La dépression venait de ces traumatismes un peu trop répétés.

Cet exemple est un cas iatrogénique extrême, une victime de la médecine moderne. Après cela, la thérapie ne fut pas facile. Nous avons employé une méthode sophrologique pour faire accepter à la patiente sa nouvelle anatomie. Avec l'aide de la technique de focalisation sur la partie du gros intestin restante, nous avons augmenté la possibilité d'évacuer l'excès de liquide dans le corps. Cette thérapie s'est révélée très concluante et cette patiente reprit peu à peu goût à la vie, mais évidemment, plus rien ne pouvait être changé au niveau des résultats terribles de ses opérations mutilantes.

XXIV LA DOULEUR

24a. La douleur est le lien direct entre une partie malade ou blessée du corps avec la conscience. Cela veut dire que chacun devrait être capable de contrôler une douleur, et même de l'arrêter. Pour cela, il faut reprogrammer son cerveau et apprendre à analgésier certaines parties du corps en pratiquant les méthodes de la Sophrologie spécialement mises au point à cet effet.

Voici l'un de ces exercices :

- Juste avant de vous endormir, concentrez-vous par exemple sur votre main. . . Imaginez votre main couverte par un gant de cuir et pensez : ma main va s'engourdir pendant dix minutes, le gant fond lentement et remplace ma main pendant dix minutes. . . . Ma peau, mes muscles, mes os, mes articulations, toute ma main se sépare de mon cerveau pendant dix minutes. . . Gardez cette pensée à l'esprit pendant plusieurs minutes. . . Pensez uniquement à cela. . .

- Puis contrôlez votre main, piquez-là ou pincez-là, la sensation de douleur aura probablement diminué ou aura peut-être complètement disparu pendant dix minutes.

Cette façon de procéder permet de diminuer ou de supprimer n'importe quelle douleur selon un temps déterminé. Plusieurs expériences concluantes ont été réalisées dans ce sens, et même des anesthésies locales en vue d'opérations.

Si votre main est restée sensible, ne vous découragez pas, essayer encore d'insensibiliser l'une ou l'autre de vos mains, l'avant-bras ou toute autre partie du corps. Avec un peu d'entraînement, vous pourrez réussir.

Mais il est important de rappeler que la douleur est souvent un signal d'alarme utile. Avant de la supprimer, il faut d'abord la comprendre.

En Sophrologie, des techniques spéciales ont été mises au point pour programmer mieux notre cerveau et il est possible d'apprendre à contrôler le fonctionnement de nos organes internes, à diminuer la douleur, à améliorer la mémoire, etc. Notre cerveau est capable d'assimiler des milliards de programmes.

24b. La douleur est mal connue. Nous ne comprenons pas encore comment elle se manifeste. On a fait beaucoup de recherches en neurologie pour la comprendre et la contrôler. La souffrance peut devenir très destructrice si elle devient trop forte. Elle augmente le choc après un accident ou une opération et peut même provoquer la mort. Il est donc très important de trouver des techniques, des médicaments ou une chirurgie qui puisse la maîtriser. D'un autre point de vue pourtant, comme nous l'avons déjà dit, la douleur est nécessaire, elle est un avertissement. Sans elle, nous serions couverts de cicatrices sur tout le corps, nous pourrions bouger un membre cassé et créer ainsi de grosses complications. Sans elle, nous ne saurions pas s'il y a quelque chose de perturbé à l'intérieur de nous. En d'autres mots, la douleur est une protection.

Chacun ressent la douleur différemment, elle est très subjective. L'intensité de la douleur dépend de plusieurs facteurs tels que la race, l'éducation, la foi, l'émotivité, le sexe (les femmes sont plus résistantes à la douleur que les hommes), l'âge, l'endroit douloureux, l'importance de la blessure, etc. Lorsqu'elle devient trop aiguë, nous devons essayer de la contrôler et de la diminuer autant que possible, cela peut quelquefois être une question de vie ou de mort. Je connais personnellement deux personnes qui ont tenté de se suicider à cause d'une névralgie faciale par trop douloureuse. Parmi tous les moyens existants pour contrôler la douleur, nous pouvons considérer ceux offerts par la Sophrologie très efficaces.

Nous avons déjà parlé d'une douleur contrôlée dans le chapitre XIII concernant la grossesse. Voici un autre exemple. Madame C.A., 33 ans, est enceinte pour la deuxième fois. Son premier accouchement s'est passé de façon catastrophique, elle a souffert pendant plus de vingt heures, et elle appréhende très fortement le second. Elle vient nous voir au deuxième mois de sa grossesse. Nous commençons immédiatement une préparation psychologique en lui enseignant des méthodes de relaxation et de self-contrôle, notamment de la douleur. Nous lui apprenons comment elle peut anesthésier sa main, et nous lui donnons une cassette enregistrée pour qu'elle puisse s'exercer tous les jours à la maison.

A la visite suivante, elle nous dit combien elle a été étonnée de pouvoir engourdir sa main, maintenant, elle est capable de l'anesthésier complètement. Nous lui montrons alors comment elle peut reporter cette anesthésie de sa main au col de la matrice et au périnée. Elle apprend à le faire seule, d'abord à l'aide d'une cassette, ensuite uniquement mentalement. Elle y arrive très bien et son appréhension diminue. Quinze jours avant la date prévue de son accouchement, nous faisons ensemble une sophro-acceptation-progressive. En relaxation totale, elle fait en imagination l'expérience du déroulement de son accouchement à venir. Elle peut décrire tous les détails à partir du moment où elle entre à la clinique jusqu'à l'instant où son bébé est couché sur son ventre, elle peut le voir parfaitement conformé. Cette expérience est très positive.

Le jour de son accouchement, tout s'est passé comme elle l'avait imaginé. Elle était très détendue et confiante et tout s'est très bien passé, elle a accouché rapidement et presque sans douleur.

24c. La douleur est un symptôme. Elle signifie toujours quelque chose et il est important de la comprendre. Il peut y avoir une relation directe entre la douleur et des problèmes psychologiques. Une contraction musculaire est très souvent douloureuse et en même temps elle est significative. Prenons un exemple très fréquent, une douleur lombaire. Combien de gens se plaignent de douleurs dans le dos et pensent qu'ils ont certainement des vertèbres déplacées. Ils sont souvent incapables de marcher ou même de bouger tant la douleur est aiguë, ils sont infirmes. Dans la plupart des cas, la douleur n'est que le résultat d'une contraction musculaire liée directement à des «contractions psychologiques» ou à des tensions extérieures. Cette douleur n'est qu'une tension intense en réponse à des agents stressants ou, une réaction corporelle trop forte en réponse à des problèmes.

Lorsque vous allez chez un chiropraticien, ne pensez pas que le bruit que vous entendez soit dû à vos os qui craquent. La véritable action de ce spécialiste est de faire disparaître vos contractures musculaires. Si elles s'en vont, vos douleurs se dissipent également. Ce traitement peut soulager de nombreuses personnes, mais il est aussi nécessaire de supprimer la cause psychologique par une psychothérapie ou une sophrothérapie qui vous enseigneront des méthodes de contrôle émotionnel.

La périarthrite aussi est très douloureuse, la douleur est provoquée par une contraction musculaire entourant l'articulation accompagnant le symptôme. Si vous souffrez par exemple de périarthrite dans l'épaule droite, il est certain que vous avez un problème matériel, financier ou autre ; par contre, si c'est votre épaule gauche qui est atteinte, vous pouvez en conclure qu'il s'agit certainement d'un problème affectif.

Le langage du corps est très intéressant, nous devrions l'écouter plus souvent, il a beaucoup de choses à nous dire. En soignant les douleurs par des analgésiques, nous apportons un grand soulagement, mais cela ne résout jamais le problème initial qu'il faut rechercher et trouver. Là encore, la sophrothérapie est efficace car elle peut vous aider à supprimer la douleur en la comprenant, pour autant évidemment que celle-ci ne soit pas le résultat d'une cause physique réelle telle qu'un accident, une tumeur ou un ulcère. Le phénomène est le même avec les colites qui ne sont que des tensions musculaires se manifestant dans le gros intestin. Les médicaments peuvent soulager mais ne résoudront pas le problème de base et en plus ils pourront engendrer des effets secondaires. Essayez d'abord de savoir si votre alimentation est bien la bonne.

En résumé, il faut premièrement réfléchir à sa douleur et en comprendre le pourquoi avant de l'éliminer.

24d. La Sophrologie peut aider à contrôler la douleur par deux actions différentes. Tout d'abord, directement sur les tensions musculaires locales par la relaxation, ensuite sur le cerveau lui-même en agissant sur le centre responsable de la douleur.

Il est tout à fait certain qu'il n'y a pas de douleurs sans la participation directe du cerveau et du cortex. Le cortex responsable de la douleur est bien connu, il est situé dans le lobe pariétal du cerveau. L'hémisphère droit régit la partie gauche du corps, tandis que le gauche gouverne la partie droite. Il est probable, mais pour le moment ce n'est pas encore une certitude, que lorsque nous essayons de réaliser un engourdissement psychologique par la Sophrologie (cette technique est appelée sophro-substitution-sensorielle), nous augmentons la quantité d'endorphine dans le cortex, ce qui crée une inhibition assez forte des centres responsables de la douleur. Nous savons que notre corps est capable de sécréter une sorte de morphine soit dans le cortex, soit dans la région de l'hypophyse ou encore dans les intestins. Avec nos techniques, si nous sommes capables de supprimer la tension musculaire et en même temps d'avoir une action centrale, nous possédons une arme très puissante pour combattre la douleur avec une grande efficacité. Cette méthode a fait ses preuves bien souvent et on commence à l'employer maintenant dans les cas de cancers avancés avec de bons résultats. Avec la sophro-substitution-sensorielle, il est même possible de pratiquer une opération sans anesthésie chimique dans les cas où celle-ci pourrait se révéler dangereuse pour le patient.

Nous avons constaté que plus de la moitié des gens sont capables de réaliser une anesthésie psychologique très rapidement. Si certains n'y arrivent pas, la plupart d'entre eux pourront le faire avec un entraînement plus ou moins long. La profondeur de l'anesthésie ainsi provoquée varie entre un engourdissement total et une analgésie.

Je me souviens d'un cas qui démontre combien notre esprit peut être exact. Je devais préparer une femme pour une césarienne sans anesthésie chimique ; nous n'avions pas beaucoup de temps devant nous et nous devions faire très vite. Madame P.C. fut capable d'entrer très rapidement en état de conscience sophronique car elle était bien entraînée et très confiante.

Je commençai à lui décrire les différents niveaux de son ventre qu'elle devait anesthésier, je lui parlai de la peau, des muscles, des intestins, de l'utérus en décrivant tous les détails des parties qui devaient devenir comme du cuir, insensibles. Assez rapidement, il fut possible de faire n'importe quoi sur son ventre sans provoquer de douleur. J'étais très content du résultat obtenu et j'estimai qu'elle était prête pour l'intervention. Je donnai ce que nous appelons «le signal» au chirurgien et il lui fut très facile d'obtenir la même anesthésie, simplement en mettant la main sur le front de la patiente en lui disant : relaxez-vous. Cela n'est qu'un réflexe conditionné. Il commença l'opération et tout se passa parfaitement bien jusqu'au moment où il dut écarter la vessie pour découvrir l'utérus. La vessie était douloureuse et il fallut faire une anesthésie locale, alors que tous les autres organes étaient complètement endormis. J'avais simplement oublié de parler de la vessie pendant la préparation !

24e. Vous pouvez aussi utiliser des «trucs» pour contrôler une douleur. Un de ceux qui marchent assez bien est la distraction. Un exemple bien connu est la méthode utilisée dans la technique du docteur Lamaze pour préparer les femmes à l'accouchement. Pendant les contractions douloureuses, il est demandé à la patiente de respirer rapidement par la bouche comme un chien assoiffé. La femme doit se concentrer sur son exercice de respiration si bien qu'elle est distraite de sa douleur et elle la sent beaucoup moins. Cette technique est utilisée depuis 1954, mais en sophrologie nous l'avons supprimée car cette façon superficielle de respirer est très dangereuse pour le fœtus qui ne reçoit ainsi pas assez d'oxygène et risque de s'asphyxier.

Dans notre école de Sophrologie, nous avons remplacé cette respiration haletante par une respiration soufflante. La parturiente se concentre également sur sa respiration, mais elle fait une très profonde respiration pendant la contraction. Elle inspire le plus d'air possible au commencement de la contraction (elle remplit d'air l'abdomen - la poitrine - les épaules) et elle accompagne les mouvements de l'utérus en expirant très lentement, les lèvres légèrement entr'ouvertes, jusqu'à ce que ses poumons soient complètement vides.

Avec cette technique, la distraction existe aussi, mais le fœtus reçoit beaucoup d'oxygène et ne souffre pas du tout. La femme ressent également moins la douleur.

Un autre exemple est celui de la lecture. Lorsque vous êtes plongé dans un livre très intéressant, vous oubliez et ne ressentez plus votre douleur. Aussitôt que vous arrêtez de lire, vous recommencez à avoir mal.

Vous pouvez aussi utiliser le système de la distraction, par exemple si vous devez recevoir une injection ou si l'on doit vous faire une piqûre intraveineuse. Pendant que le praticien prépare la seringue, commencez à vous concentrer sur votre autre bras, les yeux fermés et pensez : mon bras est détendu, plus je le relaxe, plus il devient lourd, je me concentre uniquement sur ce bras, je le sens, il est présent à mon esprit, il est merveilleux, je peux faire une quantité de choses avec ce bras, etc. Pendant que vous faites cela, le docteur ou l'infirmière a déjà fait la piqûre et vous n'avez absolument rien senti. Essayez cette méthode chaque fois que vous devez subir un traitement douloureux.

Par exemple, chez le dentiste, pendant qu'il fraise une de vos dents, pensez à vos pieds, à vos mains au lieu de les crisper sur les accoudoirs du fauteuil, détendez-les. Ou imaginez que vous êtes en avion, vous partez pour de très belles vacances. Aussi longtemps que vous stimulez votre cortex avec des pensées extérieures à la situation présente, votre douleur est diminuée ou même inexistante. L'excitation que vous créez par votre imagination engendre une inhibition sur les centres de la douleur dans votre cerveau.

XXV LA VIE SEXUELLE

25a. Une vie sexuelle est bien vécue lorsque chacun des partenaires a d'abord accepté son sexe entièrement. Beaucoup de problèmes sexuels sont liés inconsciemment au fait que les organes et le sexe d'une personne sont reniés, même s'ils paraissent acceptés en toute conscience. Il est très important, pour trouver un équilibre sexuel heureux, d'être en accord avec soi-même, complètement, pour que la vie sexuelle soit harmonieuse avec le corps tout entier. Si la sexualité est refoulée ou refusée, une situation de stress peut se créer, sauf évidemment si l'énergie sexuelle est canalisée en vue d'augmenter sa créativité ou la vie spirituelle.

L'état de conscience sophronique peut apporter une grande aide à ceux qui ont des difficultés dans leurs relations sexuelles, car il permet d'ouvrir toutes grandes les portes de l'inconscient en créant une inhibition partielle du cortex cérébral. Dans cet état, il est parfaitement possible d'imaginer ses organes sexuels internes et externes et de les accepter.

- Mettez-vous dans une position confortable, assis ou étendu (seul) et fermez les yeux. . . Concentrez-vous sur votre respiration, chaque fois que vous expirez, détendez-vous plus profondément. . . Vous avez l'impression d'être toujours plus relaxé, chaque muscle est relâché. . . Concentrez-vous ensuite sur vos organes sexuels en imaginant les parties génitales externes, avec tous les détails que vous connaissez, appréciez-les. . . acceptez-les. . . Puis faites la même

chose avec les organes internes - pour une femme, sentez mentalement le vagin, l'utérus, les trompes, les ovaires, et si l'on a pratiqué l'ablation de l'un de vos organes, acceptez cette anatomie nouvelle ; - pour un homme, imaginez votre prostate, vos vésicules séminales, les canaux reliant les testicules et autres parties de vos organes génitaux. . .

- Réalisez la beauté d'être un homme (une femme), la beauté de soi. . . Respirez quelques instants tranquillement, en pensant combien vos organes sont merveilleux, ils sont capables de donner la vie et le plaisir.

- Ensuite, remuez les orteils, les mains, le visage, étirez-vous entièrement, faites une respiration profonde et complète, heureux d'être qui vous êtes et comme vous êtes et enfin, ouvrez les yeux.

En acceptant pleinement votre sexe, vous augmentez les chances de vous réaliser pleinement.

25b. La plupart des problèmes sexuels peuvent être reliés à un trop grand stress, mais aussi à un traumatisme sexuel passé, une mauvaise technique sexuelle, une absence d'amour, ou à des troubles physiques tels qu'une pression sanguine trop basse ou des troubles hormonaux. Le plus souvent, la cause de l'impuissance ou de la frigidité est inconsciente.

Dans la thérapie sexuelle, le rôle de la Sophrologie est de découvrir la cause du symptôme par certaines techniques analytiques qui peuvent se révéler très efficaces et guérir la plupart des cas traités.

L'éducation est très importante et la façon dont les parents instruisent leurs enfants peut être la principale cause des difficultés sexuelles chez l'adulte. L'homosexualité, par exemple, est souvent en relation avec l'enfance. Freud a parlé d'une non résolution du complexe d'Oedipe ; un garçon devant subir pendant des années un père autoritaire et agressif en vient à le détester et à reporter tout son amour sur sa mère ; il l'aime tellement que, finalement, il s'identifie à elle complètement, aussi sexuellement, et le risque de devenir un homosexuel augmente. Si le cheminement qui amène la femme à devenir homosexuelle n'est pas tout à fait le même, il s'agit là aussi d'un refus du parent de son sexe et donc, d'assumer son propre sexe. La frigidité et l'impuissance peuvent découler aussi de graves problèmes psychiques liés à la mère et au père, avant de refléter des causes plus personnelles.

Lors de problèmes sexuels, il faut commencer par y faire face, y réfléchir et essayer de les comprendre, c'est le début de toute thérapie.

Une relation sexuelle difficile peut provenir de la frigidité ou de vaginisme chez la femme, tandis que chez l'homme, elle peut dériver de l'impuissance ou de l'éjaculation précoce.

Concernant la frigidité, elle est rarement absolue et n'existe pas en tant que telle. Dans la plupart des cas, une frigidité est secondaire, elle n'est pas primaire. Les causes principales sont le refus inconscient de son propre sexe ou celui de son partenaire, de graves problèmes psychologiques liés à la mère ou au père, un compagnon mal assorti, des traumatismes subis dans la jeunesse tels que le viol, une première expérience sexuelle désastreuse, etc., et, très souvent, d'avoir pratiqué l'acte sexuel sans amour. Cette dernière cause doit être connue. Il est très mauvais pour une femme d'avoir une relation sexuelle sans amour, cela provoque souvent, par répétition, la frigidité. Cette forme de frigidité est plus difficile à soigner que les autres. Une relation sexuelle sans amour peut créer une sensation agréable, mais ne provoque jamais un orgasme réel. L'orgasme ne peut exister qu'avec l'amour et il est accompagné d'un changement profond de l'état de conscience. L'orgasme en lui-même est souvent thérapeutique.

25c. Plus nous parlons du sexe, plus nous en avons une image pornographique et plus les difficultés sexuelles seront profondes. Il est curieux de constater que dans notre société occidentale, les trois sujets les plus importants de conversation sont l'argent, la profession et le sexe, et très souvent le sexe vient en premier dans les discussions. Presque tout est lié au sexe : le maquillage, les parfums, la façon de danser, de bouger, les voix, les sons, et même les voitures deviennent de plus en plus phalliques. La meilleure façon de vendre un produit est de le présenter avec une femme très sexy. Le sexe est partout.

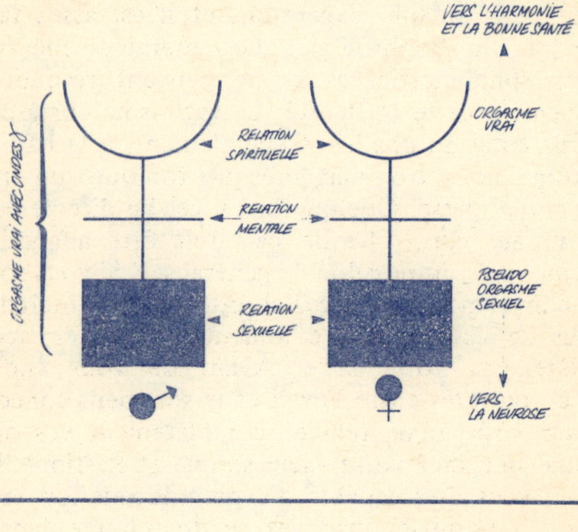

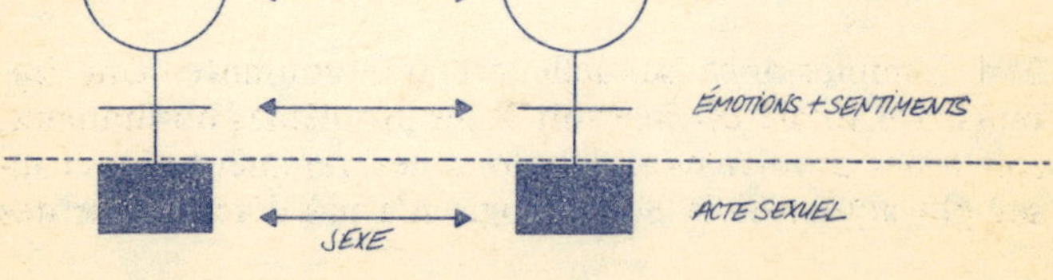

Nous observons actuellement que la maturité sexuelle apparaît de plus en plus tôt. Les adolescentes font l'expérience de la puberté déjà à 10 ou 11 ans, alors qu'auparavant elle ne survenait pas avant l'âge de 14-15 ans. Cette sexualité prématurée est en rapport avec l'insécurité dans laquelle nous vivons. En effet, l'insécurité augmente les hormones de la glande thyroïde dans l'enfance et crée ainsi une maturité sexuelle plus précoce. Lorsque le manque de sécurité règne partout, la nature se défend en augmentant les possibilités de reproduction de la vie.

Un autre problème est le vaginisme qui est une forte contraction du vagin rendant impossible toute pénétration. Ce symptôme assez fréquent est toujours psychologique, sans aucune exception, et il est assez facile à traiter par la Sophrologie. Les thérapies mécaniques usuelles sont inefficaces et ne peuvent résoudre que partiellement cette difficulté. Le vaginisme correspond à un refus total du phallus. Généralement, à la base de ce symptôme nous trouvons presque toujours un traumatisme sexuel passé. Quelquefois, il est lié directement au père ou au mari. Chaque cas doit être analysé pour lui-même, il est impossible de généraliser. Si vous souffrez de ce symptôme, apprenez d'abord comment maîtriser les muscles de votre vagin, comment les relaxer, acceptez complètement votre sexe. Avant de vous endormir, lorsque vous êtes entre l'éveil et le sommeil, concentrez-vous sur votre sexe, relaxez complètement vos organes génitaux, imaginez votre vagin souple et élastique. Imaginez que vous êtes capable d'avoir une relation sexuelle tout à fait normale. Inscrivez ce programme dans votre inconscient.

25d. L'impuissance sexuelle est très courante. Une impuissance totale est liée soit à des problèmes hormonaux, soit à des problèmes psychologiques, rarement à des causes physiques. Si la Sophrologie n'a pas d'action sur des causes chimiques, par contre elle peut être très efficace sur les causes psychologiques. Une impuissance totale est très difficile à soigner.

La situation est complètement différente dans les cas d'éjaculation précoce. Ce genre d'impuissance est bien connu et touche environ 50 % des hommes. Le traitement en est assez facile. La cause est soit psychologique, soit liée à un réflexe conditionné qu'il faut briser. Les docteurs américains Masters & Johnson ont obtenu de très bons résultats avec leur thérapie nommée «Squeeze Therapy». Cependant, il existe d'autres possibilités d'enrayer ce symptôme. Il est naturellement impossible d'entrer dans tous les détails de ces techniques. Le traitement doit être personnel, chaque cas étant différent et les problèmes psychologiques ne sont pas les mêmes pour chacun. L'histoire complète d'un patient (anamnèse) peut souvent expliquer la cause d'une éjaculation précoce. La thérapie sera à la fois physique et sophrologique. En pratique, nous pouvons guérir presque le cent pour cent des cas qui s'adressent à nous.

Je peux vous parler d'une technique physique chinoise pour contrôler immédiatement l'éjaculation précoce. Cette démarche physique ne peut pas atteindre la cause psychologique du trouble, mais elle peut aider dans un premier temps.

En observant l'anatomie des organes génitaux, vous remarquerez que le canal véhiculant le sperme depuis les vésicules séminales jusqu'au pénis passe juste sous la peau, derrière les testicules. Au moment où vous sentez que vous allez éjaculer, arrêter le mouvement et presser très fort avec vos doigts sur ce canal, jusqu'à l'os. En pratiquant cela, vous arrêtez l'arrivée du sperme ; vous attendez quelques secondes puis vous recommencez votre mouvement. Dès que vous sentez venir l'orgasme, serrez fortement le canal en pressant verticalement avec vos doigts, juste derrière les testicules. Vous devez savoir que, lorsque vous faites cela, une partie de votre sperme retourne jusqu'à la vésicule séminale. Une très petite quantité de sperme peut s'écouler du pénis, mais cela n'a pas d'importance. Ainsi, vous contrôlez immédiatement votre éjaculation, par une simple pression du doigt sur le canal, vous créez un barrage.

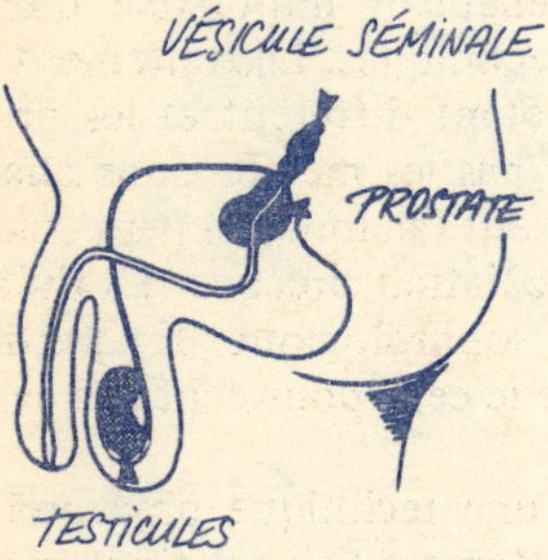

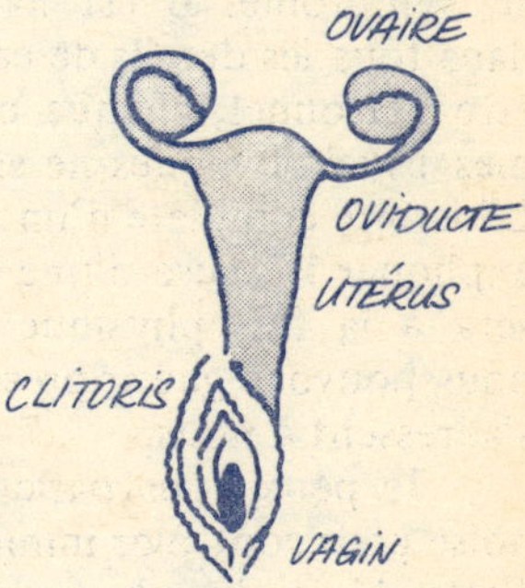

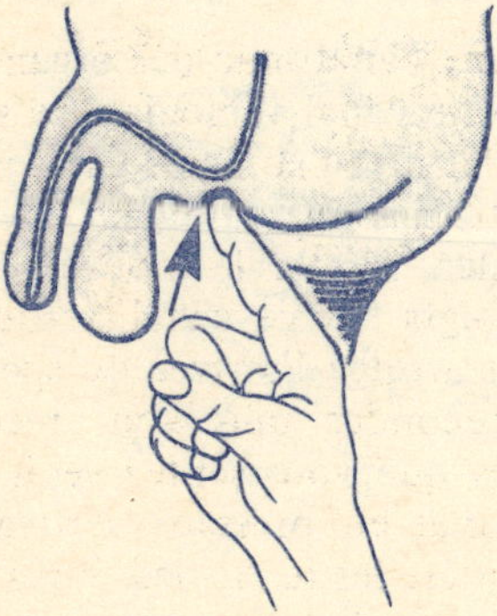

25e. Une technique psychologique de prévention de l'éjaculation précoce nous est donnée par la Sophrologie et s'appelle la sophro-acceptation-progressive, dont nous avons déjà parlé précédemment et qui peut très bien s'appliquer à ce cas précis.

Je vous rappelle que lorsque vous êtes dans un état de conscience sophronique, vous perdez complètement la notion du temps et de l'espace. Vous pouvez parfaitement imaginer une situation future et programmer votre inconscient dans cette direction. Alors entraînez-vous régulièrement.

- *Vous êtes couché, les yeux clos, et vous commencez à vous relaxer progressivement, tout votre corps, de la tête aux pieds. . . Si vous êtes bien relaxé, vous allez peut-être sentir votre corps devenir lourd comme s'il voulait s'enfoncer jusqu'au centre de la terre. . . Imaginez votre corps, votre sexe, acceptez-le. . . Pensez que vous allez être capable de contrôler parfaitement votre éjaculation. . . Regardez-vous, vous contrôlez très bien toutes les parties de votre corps. . . Vous utilisez mieux toutes les possibilités de votre cerveau. . . Vous voyez comme une réalité que vous maîtrisez entièrement votre sexualité. . . En faisant cela, vous programmez votre cerveau pour le futur.*
- *Puis, comme d'habitude, en gardant les yeux fermés, vous commencez à bouger les orteils, les mains, les doigts, votre visage, vous étirez lentement tous vos membres, vous avalez votre salive, vous respirez profondément plusieurs fois, puis vous ouvrez les yeux.*

En pratiquant cet exercice régulièrement, pendant au moins dix minutes, vous enregistrez un programme positif concernant votre problème. Vous serez étonné de voir le résultat.

Très souvent, l'importance donnée au sexe est beaucoup trop grande. Cependant, un bon équilibre sexuel est important, la vie sexuelle est salutaire à votre santé. Comme je l'ai déjà mentionné, une trop grande importance donnée à la vie matérielle peut créer des névroses et des quantités de problèmes. Si vous avez de l'attirance pour votre conjoint et que vous avez une vie sexuelle basée sur un grand amour, il représente une part merveilleuse de votre vie. Il peut devenir préventif et thérapeutique.

Chacun a en soi une énergie sexuelle qui a reçu le nom de libido par Freud. Nous pouvons utiliser cette énergie dans des directions différentes. Naturellement pour le sexe, mais aussi dans la créativité, la religion, le mysticisme et aussi dans le travail. Si vous êtes passionné par votre travail, vous y investissez automatiquement une partie de votre libido et l'importance du sexe diminue. Une autre façon d'utiliser cette énergie est l'agressivité. Très souvent, l'agressivité est liée à une certaine frustration de la libido. Généralement, après un orgasme, la plupart des gens perdent complètement leur agressivité. Une bonne harmonie de notre énergie sexuelle est nécessaire à notre propre équilibre. Essayez d'y penser.

* * *

CONCLUSION

Ce livre n'a pas d'autre prétention que de donner une information générale sur les possibilités d'application de la Sophrologie. Je vous rappelle qu'il est né de l'idée d'une chaîne américaine de radio. Il ne s'agit que de «flashes» et d'exercices simples qu'il serait bon d'approfondir sous le contrôle d'un sophrologue averti.

Il ne faut pas croire que les petits exercices décrits dans ce livre vont venir à bout de tous vos maux, ni que la Sophrologie est une panacée.

La Sophrologie, discipline médicale relativement récente, n'est qu'une arme prophylactique et thérapeutique de plus dans l'arsenal médical.

La Sophrologie ne supprime en aucune manière l'importance des médicaments et de la chirurgie. Elle limite simplement leur utilisation parfois abusive. Elle donne une dimension nouvelle en médecine et ouvre un éventail de moyens thérapeutiques efficaces.

Pour terminer, on peut dire avec Hippocrate :
«Il n'y a pas de maladies, il n'y a que des malades.»
Les traitements de la sophrologie sont des traitements du malade,
les traitements de l'allopathie sont des traitements de la maladie.

Utilisés ensemble, ces deux moyens se complètent harmonieusement.

POSTFACE du Dr Roland CAHEN - Paris

LA SOPHROLOGIE
ENTRE SON FINI ET SON INFINI

Du beau, du bon, de l'excellent, du meilleur Abrezol!

Dans son dernier ouvrage l'auteur nous donne toute la mesure de son grand talent, de son grand savoir, à la fois esprit merveilleusement centré sur la pratique et le concret, et en même temps porté comme par un élan prophétique. Singulier mélange et captivant personnage!

D'emblée les interrogations fusent : ce livre en vérité trompe son monde, je veux dire son lecteur : présenté comme une œuvre de circonstances quasi-fortuites — une émission différée de télévision — il constitue en vérité une somme, celle d'une pratique sophrologique et d'une hygiène de vie, qui, de la naissance à la mort, n'omet aucun des grands moments de l'existence. Avec un talent qui n'appartient qu'à lui, Abrezol a rédigé à la fois une somme et un vade-mecum.

Quoi de surprenant, dès lors, à ce que cet ouvrage nous interpelle à la fois au plus vif et au plus profond, à la fois comme ami, comme compagnon de route, comme praticien et comme tête pensante.

Si je me permets de proposer mes réactions à cette interpellation, c'est que j'ai l'impression qu'au-delà de mon point de vue subjectif, il y va des réactions potentielles d'un grand nombre d'esprits, peut-être d'une majorité silencieuse, et partant du succès ou de l'insuccès, de l'avenir marginal ou reconnu de la sophrologie : l'enjeu est donc considérable.

Lorsque j'ai rencontré la sophrologie, en la personne d'Abrezol et de Dumont, puis de Caycedo lui-même, je suis tout d'abord resté — neuro-psychiatre, psychanalyste que j'étais — à la fois convaincu et admiratif, mais tout de même critique et perplexe. Dans nos nombreuses discussions j'ai toujours dit et manifesté aussi bien à Caycedo à Barcelone qu'à Abrezol, que je restais un "inconditionnel critique". Nos discussions ont été parfois vives, mais toujours cordiales; nos échanges enrichissants, je pense, pour les uns et les autres et riches de conséquences. Mon intérêt pour le domaine des relaxations repartit de plus belle d'une part, et d'autre part la sophrologie s'enrichit de la dimension de l'insconscient que Caycedo, paradoxalement, avait peine à accueillir dans sa vision existentielle du monde.

En tout cas, fruit de nos rencontres, un pont fut établi entre analyse et sophrologie. Telle fut, voici bientôt vingt ans, ma prise de position spontanée, naturelle et "existentielle" en face du phénomène sophrologie.

Elle m'a semblé et me semble toujours, en outre, être l'attitude la plus féconde pour aider la sophrologie dans sa marche en avant et son intégration dans la vie médicale et sociale.

Il m'a fallu lire le dernier ouvrage d'Abrezol pour qu'en moi se surmontent quelques-unes des dernières critiques, des dernières réserves à l'adresse de la sophrologie et que je retrouve, après des approfondissements scientifiques, hypercritiques, une attitude proche de la foi du Charbonnier. Qu'Abrezol en soit donc remercié!

Mes résistances à une "adhésion totale" à la sophrologie procédaient de "l'intellect" et se camouflaient derrière le stéréotype de la "science".

Le lecteur m'accordera qu'il n'est pas facile quand on a été éduqué à la critique et échaudé par le spectacle d'adhésion à tant de fausses vérités, à tant de fanatisme, à tant d'ignorance de la "relativité de la vérité" (Dr René Lafforgue), de ne pas rester vigilant. Ne craignons pas de l'être car, au-delà de mon témoignage et cheminement personnels, l'enjeu est d'importance, car il concerne toute une famille très nombreuse d'esprits.

Pour y voir clair faisons abstraction d'une part des êtres qui ont déjà fait l'expérience de la sophrologie, qui sont riches de leur vécu et de leurs convictions, brefs des sophrologues, avec toute la riche palette des tempéraments et des destins individuels, jusque et y compris les adeptes inconditionnels, les naïfs qui sont fascinés par tout ce qui pourrait évoquer pour eux, de près ou de loin, une certaine magie.

D'autre part, faisons abstraction à l'autre extrême des négateurs systématiques, des rationalistes bétonnés et blindés, des êtres non intéressés, non éveillés à une démarche neuve. Entre ces deux lots extrêmes, il reste une majorité silencieuse d'esprits réfléchis, positifs mais critiques, qui sont à la fois assoiffés et en peine d'une positivité : ils la sentent sourdre et s'éveiller en eux, mais ils ont peine à y adhérer, convaincus, par exemple, qu'ils sont — et singulièrement à la suite d'un C.G. Jung — que le monde est pétri de bien et de mal et qu'à ne vouloir voir que le bien, le positif, à ne vouloir retenir que les pensées positives, on erre et même on fait le jeu du mal : le monde est conflit polaire du bien et du mal et non unipolarité, ni du bien ni du mal! (Voir C.G. Jung : "Lettres 3 volumes", édition allemande Walter Verlag Olten. Nous continuons leur étude dans mon séminaire : les grands thèmes psychanalitiques à La Maison des Sciences de l'Homme, Paris, tous les lundis.)

Nous allons nécessairement vers des mondes, aussi des mondes mentaux, de complexifications croissantes, mais qui à leur tour et à leur heure nous permettront d'accéder à de nouvelles synthèses, à des simplicités retrouvées et inespérées.

On ne peut plus faire abstraction des données, des connaissances positives que la psychologie des profondeurs nous a apporté à propos des structures profondes de l'être mental, avec son volet conscient, essentiel et son volet inconscient, non moins essentiel, et leurs interactions permanentes.

Dès lors, s'ouvre et s'esquisse le champ mais aussi les limites et la problématique de la sophrologie.

Car à ne vouloir retenir que les pensées positives, à la lumière de ces données neuves, les conséquences seraient multiples. •

1) En face du monde des malades, proie de la négativité — de la négativité ambiante comme de leur seule et propre négativité personnelle — la sophrologie est un instrument thérapeuthique de première importance, de première efficacité, de première dignité, appelé à avoir la plus grande efficacité médicale et sociale. L'action prophylactique entreprise en Suisse, en particulier, sous l'impulsion d'Abrezol, en est une des plus prometteuses illustrations.

2) Mais, de là, vouloir en faire une philosophie, une direction de comportements valable pour tout un ensemble social, n'y a-t-il pas là une transgression existensielle qui finirait par être lourde de malentendus. Certes, il y a en chaque individu réputé normal une négativité à surmonter pourvu que — ce faisant — on ne prive pas la vie de sa tension dynamique entre le bien et le mal.

3) A l'autre extrême de la chaîne mentale, il semble que la sophrologie — à ne vouloir retenir que le bien — pourrait devenir elle-même un mal! "Qui fait l'ange fait la bête" dit la sagesse populaire.

Or, à nier tout ce qui n'est pas pensée positive la sophrologie risque de devenir à son tour, en écrêtant, en aplanissant à l'excès les différences une école ... de refoulement et une source de cette dissociation qu'elle prétend légitimement combattre.

Dans un monde, et surtout dans un monde mental où tout est opposition polaire, comme déjà la pensée et le sentiment, la sensation et l'intuition, le seul recours à la positivité est une polarisation unilatérale qui peut mener à bien des impasses.

D'autant plus que ce bien auquel il serait ainsi fait appel n'est pas toujours clair ou évident. Souvent l'être, dans son existence, est contraint de se demander où est ce bien, ce positif. Il doit souvent le rechercher sans pouvoir toujours le discerner aisément. Sera-t-il, par exemple, dans le refus de sa pulsion au bénéfice d'une morale traditionnelle ou prescrite ou dans l'acceptation de la pulsion au bénéfice de son plaisir et de sa jouissance?

Ainsi la sophrologie soulève un problème considérable qui nous interpelle tous. Que dans le déferlement explosif des désordres de toute nature, dont le XXe siècle nous donne le spectacle, même s'ils s'originent dans des libérations psychiques et économiques bien nécessaires, la sophrologie ait ramené une direction simple et apaisante!? Certes oui et c'est là un de ses grands mérites.

Mais le fil rouge des pensées positives ne doit pas nous faire succomber — dans la joie et le bien-être d'une simplicité retrouvée — dans un simplisme qui n'aurait que de courtes jambes.

Telle est une des impasses que crée les malentendus évoqués.

Je crois qu'une voie s'offre pour transformer cette impasse en large et libre avenue : ne faudrait-il pas dans le champ de la sophrologie, faire deux parts :

- — une part technique, clinique, expérimentale indiscutable, relativement aisément enseignable et transmissible;
- — et une part métapsychologique qui, jusqu'à présent implicite, demande à être explicitée en toute clartée : en effet, ce volet métapsychologique touche à la dimension des croyances personnelles et individuelles qui relèvent finalement de l'ordre métaphysique.

Je pense d'ailleurs qu'un accueil réservé de la part de certains milieux, médicaux entre autres, tient au fait que ce distingo n'a pas été encore clairement formulé et établi.

En effet, la pire attitude est d'introduire le volet métapsychologique subrepticement, en profitant, pour ce faire, des bienfaits, des avantages de l'efficacité psychologique.

En nous dirigeant dans cette voie nous ne nous rendrons pas populaires auprès de ceux qui ont soif de magie. Mais nous gagnerons et mériterons la confiance de cette majorité silencieuse qui doit nous importer. Car c'est en elle que se recruteront les êtres qui auront besoin de connaître et les malades qui auront besoin de pratiquer la sophrologie et de lui faire une confiance totale, ce qu'ils ne peuvent si elle se rend coupable d'un certain flou, d'une certaine dérive métaphysique imprécise. Un seul exemple : tout ce qui, de près ou de loin, pourrait évoquer un monisme du bien sera révoqué en doute par une majorité d'êtres pensants. D'autant plus qu'ils vivent quasiment dans un monisme de l'agitation et du mal (nervosité, stress). La sophrologie rétablit, pour eux aussi, de façon immensément nécessaire un équilibre compromis dans le seul sens du mal et du négatif. Mais ne leur en barricadons pas l'approche par des problèmes métaphysiques mal maîtrisés, inmaîtrisables.

Illustrons ce qui précède grâce au livre d'Abrezol.

Quand Abrezol aborde, non sans panache, le thème de la mort, il y a, je crois, lieu de se demander s'il ne confondrait pas pieux vœux et totale ignorance de ce qui, depuis qu'homme il y a, reste l'énigme majeure, face à laquelle chacun balbutie ses hésitations.

Certes, son approche qui vise à voir du positif et de l'espérance dans la mort est sain et certainement aussi fondée que l'angoisse peureuse, voire névrotique, qui est le lot le plus courant en Occident. Mais à trop vouloir dorer la pilule ne risque-t-on pas un grave discrédit? Un certain flou peut même miner la portée du message neuro-bio-psychologique!

CONCLUSION

A mes yeux, grands sont les mérites de la sophrologie et Caycedo en a sûrement acquis de très grands en fondant la sophrologie dans le créneau qui séparait analyse et hypnose. Mais cette double proximité exige double rigueur et discipline de l'esprit! Car quoi qu'on en veuille, par ce fait même, elle doit assumer les complexités des deux!

La sophrologie mieux et plus vite que la seule analyse améliore la relation du moi au corps; mieux que l'hypnose les relations du moi à l'être mental et ainsi elle s'assure une efficacité exemplaire dans l'interrelation psychosomatique du corps et de l'être mental.

Cette triangulation du moi face au corps et à l'être mental n'est pas — et ça ne doit pas être par hasard — sans évoquer la triangulation œdipienne de l'enfant face à la mère-corps et un père-esprit!

C'est parce que cette triangulation, à l'un ou à l'autre plan, est d'une telle importance pour la structuration de l'être en formation et en devenir qu'il me semble indispensable d'écarter les restrictions mentales de tous ordres, aussi philosophiques voire métaphysiques, qui peuvent en barrer l'accès et ainsi aussi "vider l'enfant avec le bain" et faire rejeter l'accès au plan instrumental et technique d'un considérable et incontestable intérêt.

Tel est donc dorénavant l'enjeu :

— Ou bien la sophrologie par son sérieux, son autocritique persévérante, ses limitations volontaires face au champ de l'illimité et du transcendant, son souci constant de séparer non pas le bon grain de l'ivraie, mais l'assuré, le scientifique, le clinique de l'hypothétique et du spéculatif — et elle sera alors accueillie rapidement par la science et la médecine officielle — et la masse des médecins qui ont tellement besoin d'elle se rallieront à elle.

— Ou bien elle ne s'impose pas cette autodiscipline, cette manière d'ascèse, si elle flirte avec les plans du merveilleux, voire du magique, et elle risque alors de ne mener qu'une existence marginale, toujours en danger d'être prise, par les esprits rassis, pour ce qu'elle n'est pas, à savoir une secte de plus.

Ces réflexions nous entraînent-elles, *nolens volens,* vers deux sortes de sophrologies et de sophrologues, les sophrologues agnostiques et sophrologues croyants, les sophrologues cliniciens et les sophrologues-heureux-possesseurs-de-la-foi-?

En tout cas le dialogue entre les tenants de ces deux attitudes existentielles me semble être le plus sûr et le plus nécessaire levain qui assurera la continuité, la pérennité, la créativité de la sophrologie, dans son dialogue intérieur entre son aspect agnostique et son aspect gnostique, entre son fini et son infini.

BIOGRAPHIE

Le Dr. Raymond ABREZOL est né le 30 mars 1931 à Lausanne, il fréquente les écoles primaires et secondaires à Lausanne et Montreux, passe la maturité fédérale à Fribourg.

Après avoir effectué 3 ans d'études de médecine à Lausanne, il fait ses études de médecine-dentaire à Genève où il passe le diplôme fédéral en 1956. En 1957 il présente sa thèse et obtient le doctorat à la Faculté de médecine de Lausanne.

Dès le début de ses études, le Dr. Abrezol s'intéresse beaucoup à la chirurgie buccale et à la psychologie. Il accomplit plusieurs stages aux USA et dès 1962 se passionne pour la sophrologie. Il effectue de nombreuses recherches, expérimentations et publications.

Il est nommé professeur ad meritum de l'École Supérieure de sophrologie et docteur honoris causa de la Faculté de sophrologie de Bogota. Il enseigne depuis 1964 la sophrologie aux membres du corps médical en France, Suisse, Belgique, Allemagne, Italie, Amérique du Sud et aux USA.

Il est membre de la Société Américaine d'hypnose clinique, membre correspondant de la Société Américaine de médecine psychosomatique ainsi que de nombreuses autres sociétés médicales. Il est directeur pour la Suisse du centre «Centro Américain de la Culture».

L'auteur est formé en psychologie analytique à l'Institut Jung de Zurich et est diplômé en médecine traditionnelle chinoise.

Depuis 1957 il s'est beaucoup occupé de la préparation à la compétition par la sophrologie d'athlètes d'élite avec des succès indiscutables.

Le Dr. Abrezol a participé activement à de nombreux congrès en tant que conférencier et est l'auteur de multiples articles publiés dans des revues médicales européennes et américaines.

Il est le promoteur de la sophrologie utilisée à grande échelle à titre prophylactique au niveau social.

Pour l'enseignement médical en langue française, il collabore étroitement avec le Docteur Jean-Pierre Hubert de Paris.

BIBLIOGRAPHIE

ABREZOL Raymond, Sophrologie dans notre civilisation, Ed. du Signal, Lausanne.
Bewusst Heilen mit Sophrologie, Ed. Irisiana Verlag, Munich.
Bien naître et bien être par la sophrologie, Ed. L'Age d'Homme, Lausanne.

ABREZOL Raymond et HUBERT Jean-Pierre, Traité de sophrologie, tome second, Ed. Courrier du Livre, Paris.

ABREZOL Raymond, Sports et Sophrologie, Edition Chiron, 40, rue de Seine, Paris.

AIVANHOV Omraam Mikhaël, œuvres complètes, Ed. Prosveta.

ALLAUX Jean-Paul, Apprenez à respirer à vos enfants, Ed. Retz, Paris.

BOON H. - DAVROU Y. - MAQUET J. C., La sophrologie, Ed. C.A.L., Paris.

CAYCEDO Alfonso, L'aventure de la sophrologie, Ed. Retz, Paris.
Sofrologica medica, Ed. Aura, Barcelone.
Dictionnaire abrégé de sophrologie et relaxation dynamique, Ed. Emégé, Calle Granados, 9, Barcelone.

COURCHET Jacques, La respiration dynamique relaxante - sophrothérapie respiratoire, Ed. Maloine, Paris.

DAVROU Yves, La sophrothérapie, Ed. Retz, Paris.
Les étonnantes possibilités de votre mémoire par la sophrologie, Ed. Retz, Paris.

DAVROU Y. - MARQUET J. C., Guide pratique de sophrologie, Ed. Retz, Paris.

FERNANDEZ Luis, Sophrologie et compétition sportive, Collection Sport-Enseignement, Ed. Vigot, Paris.

GAY François, Sophrologie expériences vécues, Ed. Universitaire, Paris.

GUIRAD Miguel, Anatomie de la conscience, anatomie sophrologique, Ed. Maloine, Paris.

GUYONNAUD Jean-Paul, Le karaté sophrologique, Ed. Maloine, Paris.

HUBERT Jean-Pierre, La relaxation dynamique, Centre de Sophrologie de Paris.
Traité de sophrologie, tome premier, Ed Courrier du Livre, Paris.

JATON Jean-Jacques, Bien dans sa peau, Ed. Favre, Lausanne.

JESIC Hervé, La sophrologie, le corps et l'âme, Buchet/Chastel, Paris.

ESPINOSA Mariano, Realidad de una Ciencia Sofrologia, Pasado y presente, Ed Mariano Espinosa, Avenida Donostierra 12, Madrid.

MONSALVE Adolfo, Sofrologie, Ed. Sulina, Porto-Alegre, Brésil.

RAGER Guy-Claude, Hypnose sophrologie et médecine, Ed. Fayard, Paris.

Adresses utiles

Suisse :
Association Suisse de Sophroprophylaxie
Secrétariat central : Rue du Crêt, 24
CH-2300 La Chaux-de-Fonds

Académie Suisse de Formation en Sophrologie Caycédienne
Secrétariat central : Rue du Crêt, 24
CH-2300 La Chaux-de-Fonds

France :
Académie France-Savoie de Sophrologie Caycédienne
Centre Bonlieu, G. Mermin
Rue Jean-Jaurès, 1
F-74000 Annecy

Belgique :
Conseil National Belge de Sophrologie
Rue Antoine Bréart, 70
B-1060 Bruxelles
Tél : 537 61 68

IMPRIMÉ EN FRANCE PAR BRODARD ET TAUPIN
6869 K-5 - Usine de La Flèche (Sarthe), le 23-12-1994.

pour le compte des
Nouvelles Editions Marabout
D.L. décembre 1994/0099/415
ISBN 2-501-02187-8